和谐校园文化建设读本

小学生学法漫谈

范 华 齐佳楠/编著

吉林出版集团股份有限公司

吉林教育出版社

图书在版编目(CIP)数据

小学生学法漫谈 / 范华，齐佳楠编著. — 长春：
吉林教育出版社，2012.6（2022.10重印）
（和谐校园文化建设读本）
ISBN 978 - 7 - 5383 - 9002 - 5

Ⅰ．①小… Ⅱ．①范… ②齐… Ⅲ．①小学生－学习
方法 Ⅳ．①G622.46

中国版本图书馆 CIP 数据核字(2012)第 116114 号

小学生学法漫谈

XIAOXUESHENG XUE FA MANTAN

范 华 齐佳楠 编著

策划编辑	刘 军　潘宏竹		
责任编辑	张 瑜	**装帧设计**	王洪义

出版　吉林出版集团股份有限公司（长春市福祉大路5788号　邮编 130118）
　　　　吉林教育出版社（长春市同志街 1991 号　邮编　130021）
发行　吉林教育出版社
印刷　北京一鑫印务有限责任公司

开本	710 毫米×1000 毫米　1/16	**印张**	12	**字数**	152千字
版次	2012 年 8 月第 1 版	**印次**	2022 年 10 月第 2 次印刷		
书号	ISBN 978 - 7 - 5383 - 9002 - 5				
定价	39.80 元				

编 委 会

总 序

千秋基业，教育为本；源浚流畅，本固枝荣。

什么是校园文化？所谓"文化"是人类所创造的精神财富的总和，如文学、艺术、教育、科学等。而"校园文化"是人类所创造的一切精神财富在校园中的集中体现。"和谐校园文化建设"，贵在和谐，重在建设。

建设和谐的校园文化，就是要改变僵化死板的教学模式，要引导学生走出教室，走进自然，了解社会，感悟人生，逐步读懂人生、自然、社会这三本大书。

深化教育改革，加快教育发展，构建和谐校园文化，"路漫漫其修远兮"，奋斗正未有穷期。和谐校园文化建设的研究课题重大，意义重要，内涵丰富，是教育工作的一个永恒主题。和谐校园文化建设的实施方向正确，重点突出，是教育思想的根本转变和教育运行机制的全面更新。

我们出版的这套《和谐校园文化建设读本》，既有理论上的阐释，又有实践中的总结；既有学科领域的有益探索，又有教学管理方面的经验提炼；既有声情并茂的童年感悟；又有惟妙惟肖的机智幽默；既有古代哲人的至理名言，又有现代大师的谆谆教诲；既有自然科学各个领域的有趣知识；又有社会科学各个方面的启迪与感悟。笔触所及，涵盖了家庭教育、学校教育和社会教育的各个侧面以及教育教学工作的各个环节，全书立意深邃，观念新异，内容翔实，切合实际。

我们深信：广大中小学师生经过不平凡的奋斗历程，必将沐浴着时代的春风，吸吮着改革的甘露，认真地总结过去，正确地审视现在，科学地规划未来，以崭新的姿态向和谐校园文化建设的更高目标迈进。

让和谐校园文化之花灿然怒放！

本书编委会

目 录

下篇　量体裁衣　因“科”制宜

上篇

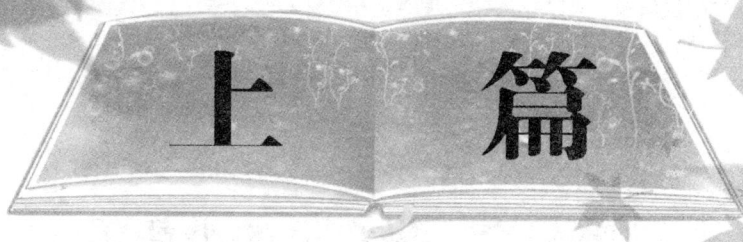

学而有道 才知奇妙

第一章　做自己的小帮手

"**我**是最好的，我的心情愉快，我一定能成功。"抱着这种心态的同学一般都很有自信，他们也更容易获得成功。自己是自己最好的心理医生，心态的确是胜利的法宝。信心，可以来自于父母、老师和同学对你的鼓励，但更重要的那一部分其实来自于你自己。同学们，做自己的小帮手，培养自信心，相信自己能行，就一定能获得成功。

一碗"心灵鸡汤"

我们常常为一道难题或一次考试而烦躁不已，老师的严厉、父母的期望、同学之间的比较常常使我们感到"压力山大"，这时候就需要一碗精心调制的"心灵鸡汤"了，小火慢炖，自己放调料，煮好后细细品尝，无限回味，无限惬意。学习上的烦恼，思路上的纠结，将全部迎刃而解。要煲好这样一碗"汤"并不容易，我们应该放些什么调料呢？

首先，要放一袋"心想事成"。人的心理暗示的力量是无穷的。如果心理暗示朝向正面，那么，你就会被它引导而逐渐走向成功。相反，如果心理暗示朝向反面，你就会走向失败的边缘。"将自己看成优等生，你就一定能成为优等生"，"想着失败你就无法成功"……这就是心理学家发现的"心想事成"的秘密。

其次，再放一袋"锦囊妙计"。在每次考试之前，对着镜子里的自己大声说："我能行！"用响亮的语言激励自己的行动，使自己有理由充分相信自己能够取得成功。这种反复强调的话语虽然非常简单，却妙用无穷，可以在我们心里产生一种直接的暗示，并使之逐渐渗透于内心，引起心灵的共鸣，继而促使我们成功。

最后，我们再用心去调制这碗"浓汤"，使其永葆"香而不腻"之口味，好喝又实用。

曾经有位女歌手喝过这碗"心灵鸡汤"：

这是她第一次登台演出，内心十分紧张。想到自己马上就要上场，面对上千名观众，她的手心都在冒汗："要是在舞台上一紧张，忘了歌词怎么办？"越想，她心跳得越快，甚至产生了打退堂鼓的念头。

就在这时，一位前辈笑着走过来，随手将一个纸卷塞到她的手里，轻声说道："这里面写着你要唱的歌词，如果你在台上忘了词，就打开来看。"她握着这张纸条，像握着一根救命的稻草，匆匆上了台。也许因为有那个纸卷握在手心，她的心里踏实了许多。她在台上发挥得相当好，完全没有失常。

她高兴地走下舞台，向那位前辈致谢。前辈却笑着说："是你自己战胜了自己，找回了自信。其实，我给你的，是一张白纸，上面根本没有写什么歌词！"

她展开手心里的纸卷，果然上面什么也没写。她感到惊讶，自己凭着握住的一张白纸，竟顺利地渡过了难关，获得了演出的成功。

"你握住的这张白纸，并不是一张白纸，而是你的自信啊！"前辈说。

歌手拜谢了前辈。在以后的人生路上，她就是凭着握住自信，给自己加油，战胜了一个又一个困难，取得了一次又一次成功。

曾经有个打棒球的小男孩也喝过这碗"心灵鸡汤"：

小男孩头戴球帽，手拿球棒和棒球，全副武装地来到自家后院。

"我是世界上最伟大的打击手。"他自信满满，把球往空中一扔，用力挥棒，但却没有打中。

他毫不气馁，又往空中一扔，大喊一声："我是最厉害的打击手。"

他再次挥棒，可惜又落空了。

他愣了半晌，仔仔细细地将球棒和棒球检查了一番。

他站了起来，又试了一次，这次他仍告诉自己："我是最杰出的打击手。"

然而他第三次尝试又失败了。

"哇！"他突然跳了起来，"原来我是第一流的投手！"

还有一个人看着另一个人喝下这碗"心灵鸡汤"，痛悔不已：

两个人一同走在人生之旅中。其中，第一个人说："看那高山多么巍峨，看那大海多么辽阔。"第二个人说："那是伟大的，是我们不能及的。"第一个人又说："看那荒草多么低贱，看那沙石多么微渺。"第二个人还是说："那是伟大的，是我们不能及的。"

第一个人问："难道我们就不可以辉煌与伟大吗？难道我们就注定要渺小一生吗？"第二个人说："是的，我们是渺小的，伟大与我们无缘。"第一个人不信，他要证明自己可以变强大。第二个人听后，叹息着说："拥有梦想，富有野心，那是伟大的。但要梦想成真，那又是遥远的，并不是我们力所能及的。"

他们行进着，各自证明着自己的认知。日复一日，年复一年，当他们绕过最后一座山时，时间宣布：他们的旅程即将结束。

二人各自叹息不已，为了留下永久的纪念，时间决定为他们拍一张照片。照片上，只见第一个人如山般巍峨，如海般辽阔。第二个人则微如沙石，贱如荒草。

第二个人心里不服，怨道："时间，你不公平。"时间听了，不悦，说："公平与不公平，皆在于每个人的选择。总认为那是伟大的，从而忽视了自身的信念，也便使自己坠入渺小之中了。"时间为第一个人颁发了伟大的奖章，同时，将第二个人命名为渺小。

第二个人悲痛欲绝，悔不当初，哀求道："让我返回原地，重新旅行一次吧。"时间不为所动，庄严地宣布：人生之旅结束！

　　女歌手、打棒球的男孩、从平凡变得伟大的人，甚至很多很多我们身边的师长和同学，他们都懂得精心调制这碗人生的"心灵鸡汤"，从而取得了成功。可见，积极乐观的心态对我们的学习生活以及成长道路是多么重要啊！同学们，你会调制这碗"心灵鸡汤"了吗？你还记得都要放什么调料吗？别忘记要时常思考和回味啊！

与自己赛跑

在学校里，那么多同学在一起学习，竞争是不可避免的。而且，由于种种原因，每个人的学习情况总是有差异的，尤其是每次考试之后，总会有的同学分数高一些，有的同学分数低一些，大家都会有意无意地彼此比比分数。实际上，这种比法对于进步的帮助并不太大。为什么呢？和分数高的同学比容易灰心丧气，产生自卑心理；与分数低的同学比，又会沾沾自喜，容易产生骄傲情绪。每个人的环境、条件、能力各不相同，盲目地"攀比"，无异于作茧自缚，不仅无益，反而有害。

要想进步快，关键不是单纯地和别人比，而是要和自己比，与自己赛跑。

著名音乐家贝多芬的祖父与父亲都是宫廷歌手。在大部分时间里，他的父亲都喝得大醉，从没对家人关心过，甚至连家人们是否有足够的吃穿都从不曾过问。起初，善良的祖父还能使这个家庭免受太多的苦，同时，祖父最大的孙子的音乐天赋也使老人感到莫大的欣慰，还把自己的名字给了他。

但是当小贝多芬3岁生日时，祖父就去世了。小贝多芬的父亲常把他拽到键盘前，让他在那里苦练许多个小时，每当弹错的时候就打他耳光。邻居们常常听见小贝多芬由于疲倦和疼痛而抽泣。不久，一个没什么水平的旅行音乐家法伊弗尔来到这个市镇，并来到了小贝多芬家里。他和老贝多芬常常在外面的一个小酒馆里喝酒喝到半夜，然后回家把小贝多芬拖下床开始上课，这一课有时要上到天亮才算完。为了使小贝多芬看上去像一个神童，父亲谎报了他的年龄，在他八岁时，把他带出去当作六岁的孩子开音乐会。但是天下哪有后天培养出来的神童，尽管费了很多事，老贝多芬始终没能把他的儿子培养成另一个年轻的莫扎特。与莫扎特相比，贝多芬的童年太不幸了。莫扎特在童年受过良好的教育，他的练功时间是愉快而安静的，他还有一个慈爱的父亲和一个关爱他的姐姐。而贝多芬则不然，虽然他的演奏赢得了家乡人的尊敬，但世界性的旅行演出却远未像莫扎特那样引起世人的惊叹。

贝多芬喜欢待在自己的住所，那样才能随自己的意愿进进出出、起床、穿衣服和吃东西。他喜欢按自己的兴趣为房间里的琐事瞎忙。有一次，为了看清窗外的景物和空气流通，他竟特意把窗户砍掉一块。贝多芬总是同房东们发生纠葛，总是不断地搬家。每当他处于创作高潮时，他总是把一盆又一盆的水泼到自己头上来使自己的头脑冷静，直到水浸透到楼下的房间——我们可以想象房东和其他房客的情绪会怎样！因为搬家搬得很频繁，有时他甚至不愿为把钢琴的腿支上这种事操心，干脆就坐在地板上弹奏它。由于他每次租新房时必须签一张租契，指明租期，所以他往往同时为四个公寓付房租，这无疑使他花掉更多的钱，这个本来就没有多少积蓄的音乐家因此变得更加贫困。

1796 年，痛苦已在叩门，它一朝附在贝多芬身上之后便不再退隐。1796 年至 1800 年，耳聋已开始对贝多芬施压。耳朵日夜作响，听觉越来越差，自尊心使然，贝多芬竭力将自己的病情掩饰，终于在 1801 年他写信给两个朋友——韦格勒医生和阿门达牧师："你的贝多芬可怜至极，我最高贵的一部分——听觉——大大地衰退了……"失聪对他的摧残，不仅在肉体上，也在灵魂上，在他的作品里经常可以寻觅到生命的愁苦，如作品第十三号的《悲怆奏鸣曲》（1799 年）。失聪对于任何一个人都是灾难性的，更何况在贝多芬凭顽强的意志花整月整月的时间拿音乐作品来换取面包的动荡革命年代，要以工作换取面包是一件苦差事。贝多芬的耳朵完全聋了。从 1815 年起，他和人们只有笔上的交往。在这悲苦的深渊里，贝多芬讴歌着欢乐。"可惜我在战争里，没有在音乐里那么在行，否则我将战败他（拿破仑）。"再悲惨的命运，也要被他的意志征服了。

伟大的音乐家——贝多芬，在面对生活的困境时，没有向困难屈服，而是选择战胜自己，和自己赛跑。如果在失聪之后，贝多芬怨天尤人，想着别人的美好生活多么令人嫉妒，那伟大的音乐又何以产生呢？

盲目地"攀比"有时会使我们丧失信心和勇气，也有可能使我们滋生出对他人的不满。若想在学习生活中永远立于不败之地，永远斗志昂扬地去迎接每一节课、每一次考试，那么从现在开始，就同自己赛跑吧。"博观而约取，厚积而薄发"，每天进步一点点，生活会有大不同。

培养良好的学习习惯

古语云："勿以善小而不为，勿以恶小而为之。"意思是说，不要因为一桩好事很小就不去做，也不要因为一桩坏事很小就去做。不论是好事、坏事，只要养成了做的习惯，以后就会自然而然地去做。所以，习惯的养成，如同滴水穿石，是一点一滴，积年累月地逐渐发展起来的。

齐白石是我国著名的书画家。他非常珍惜时间，从不浪费时间，他一直用一句警句来勉励自己，这句警句就是："不教一日闲过。"怎样才算是在一天中没有闲过呢？他对自己提出了一个标准，就是每天都要挥笔作画，一天至少要画五幅。虽然他已经90多岁了，但他还一直坚持这么做。

有一次，齐白石的家人、朋友和学生来给他过90岁生日，在喜庆的气氛中，他一直忙到很晚才把最后一批客人送走。这时他想，今天五幅画还没有完成呢，应该画完画再睡觉，于是他拿起笔作画，但由于过度疲劳，难以集中精力，家人一再劝阻，他才去休息。第二天，齐白石早早地起床了，家人怕他累坏身体，都劝他再多休息一会儿，可齐白石却十分认真地说："昨天客人多，我没有作画，今天可要补上昨天的'闲过'呀！"说完他又认真地作画了。

齐白石老先生取得的成就与他的这个好习惯密不可分。当你想要养成一种好习惯或改变一种坏习惯时，必须从小事做起，而且一开始就要有坚定的决心。同时，在取得彻底胜利之前，不能有丝毫的松懈，要一直坚持到把好习惯变成自然，把坏习惯弄到"土崩瓦解"为止。

1978 年，75 位诺贝尔奖获得者在巴黎聚会。有人问其中一位："你在哪所大学、哪所实验室里学到了你认为最重要的东西呢？"出人意料，这位白发苍苍的学者回答说："是在幼儿园。"此人又问："在幼儿园里学到了什么呢？"学者答："把自己的东西分一半给小伙伴们；不是自己的东西不要拿；东西要放整齐；饭前要洗手；午饭后要休息；做了错事要表示歉意；学习要多思考；要仔细观察大自然。从根本上说，我学到的全部东西就是这些。"

这位学者的回答，代表了与会科学家的普遍看法。把科学家们的普遍看法概括起来，就是他们认为终生所学到的最主要的东西是幼儿园老师给他们培养的良好习惯。英国唯物主义哲学家、现代实验科学的始祖、科学归纳法的奠基人培根，一生成就斐然。他在谈到习惯时深有感触地说："习惯真是一种顽强而巨大的力量，它可以主宰人的一生，因此，人从幼年起就应该通过教育培养一种良好的习惯。"联系现实生活中的人和事，再仔细分析一下，你就会越发感到那些科学家的话确实包含着深刻的道理，尤其是在学习这个问题上，几乎对于每一个人都适用。如果你渴望获得较好的学习成绩，如果你渴望有效地利用时间，那么，就请你尽早养成良好的学习习惯吧！

同学们，如果你想要养成每天认真完成作业的好习惯，那么，当你写作业时，无论多么吸引人的电视节目也不能去看，无论哪个小伙伴来招呼也不能出去玩，一定要把当天的作业全部认真地完成之后再休息。

一个好习惯的养成与改变的过程，实际上是一个挑战自我、与惰性作斗争的过程。要养成好的习惯需要坚定的信心和坚持到底的决心。养成好习惯的过程是艰苦的，因为你要拒绝很多的诱惑，但好习惯一旦养成，你就能在学习上取得意想不到的进步，而且会让你受用终生。

增强信心的 6 个习惯

信心在我们的学习生活中非常重要，它使人勇于挑战自我、战胜各种困难。人的信心是在生活实践中培养出来的，是后天产生的东西，是对自己能力、水平的评价而产生的心理期待的动力与达到目标所具有的心理力量。

那么，如何增强我们的信心呢？

1. 学会微笑

笑是人心理健康的外部体现，也是人充满信心的外在表现。当一个人经常发出微笑时，表示他心态平和，对生活、事业充满信心，心态自如。而当一个人经常愁眉苦脸时，表示这个人心态不稳定，情绪低沉，对生活、事业缺乏信心。

从某种意义上说，一个人的微笑反映了一个人内心自信的情况。微笑是一个人充满信心的表现，也是一个人内心快乐的外部表现。一个人充满了信心，他就会充满微笑。微笑能使人对事物更加充满信心，信心又能促使人微笑，微笑和信心相互作用，由此形成良好的循环。

同学们应该经常微笑，把微笑视为生活中的一个重要组成部分。经常微笑可以给自己增添一份自信、增添一份从容、增添一份乐观、增添一份力量。

2. 挺胸抬头走路

人在充满信心的时候，走起路来也会挺胸抬头，步伐有力，速度也稍快；而在丧失信心时，走起路来往往无精打采，低头弯腰，步伐缓慢。

一旦同学们形成挺胸抬头、步伐坚强有力、速度稍快的行走习惯，信心将伴随你走过人生的道路，克服人生道路上的种种困难和险境。

3. 关注自己的优点

在笔记本上列出你自己的全部优点，不论是哪方面，都把它写下来，你就会发现，原来自己竟然有这么多优点。也可以在与朋友的聊天中捕捉别人对自己的赞美，欣然接受并牢记在心。以后在做任何事情时，多想想这些优点，这对提升自己的信心有很好的作用。

4. 与自信的人多接触

古人云："近朱者赤，近墨者黑。"这一点对增强信心同样适用。结交一些充满自信的朋友，不知不觉中，你也会被他们所感染，逐渐变得自信起来。

5. 与人交谈时要看着对方的眼睛

与人交谈时看着对方的眼睛是一种礼貌、友好的行为，同时也能有效地增强自信。在交谈中目光闪烁、躲躲闪闪的人往往是不自信的。

6. 保持整洁、得体的仪表

保持整洁得体的仪表，能帮助我们建立起内心的自信。

故事链接

千古遗书

有一个偏僻的村庄，在这个村庄中，人人信奉着这样一句格言："少了你一个人，地球照样运转！"

因为这句格言，人人都认为世界很大，大到无边，而自己却很渺小，小到极点。他们认为自己能力低微，就如同沙漠中的一粒沙尘，有没有都无所谓。为此，他们平凡地生活着。

一日，村中有一个青年在打井，无意中挖出了一个铁盒，打开一看，只见里面放了一本书，书上写道："只要你相信自己不是弱者，就已经拥有了强者的本能！"

青年将书示众。众人之中，有人说："这是一千年前的思想，对我们而言，过时了。那时的人们认为天圆地方，相信盘古开天辟地、女娲补天，但现在看来，那只是神话。而今，我们已经证明了地球之外还有无穷的世界，地球不过是宇宙中微乎其微的一分子，更何况地球之中更加渺小的我们？重新认识世界，也重新认识自己吧。"

众人一起鼓掌，赞道："言之有理。"

青年却深信这句话，坚定地说："不，我相信我可以变为强者。"

众人百般劝解，说："平凡有什么不好，再说，强大有那么容易吗？"见青年依旧执迷不悟，最后，众人相互摇头叹息道："不可理喻，由他去吧。"

青年开始用另一种心态看待人生，日复一日，终于有一天，一个伟大的机遇从天而降，落在了这个村中。村中的其他人见了，望而生畏，纷纷退避三舍。而这个青年却迎难而上，将机遇变为了现实。

　　村中的众人不禁疑问："这怎么可能呢？毕竟，我们是渺小的。"于是，他们之中又有人引出了生物学理论，说："这个人肯定变异了，他的脑容量肯定比一般的人大，或者，他的大脑肯定因为变异而比正常的人开发得多。因此，他比我们聪明，他可以做到我们都认为做不到的事，甚至他可以创造奇迹。"

　　这个青年听了，觉得可笑，解释道："不，我和你们无异，只不过我信奉的格言与你们不同。我信奉的格言是，'少了每一个人，世界将不再美丽！'"

第二章　合理安排学习时间

每一个人出生时，上苍赐予他们最好的礼物就是时间。不论对穷人还是富人，这份礼物是如此公平：一天 24 小时，每一个人都用它来经营自己的生命。著名的物理学家爱因斯坦认为："人与人之间的最大区别就在于怎样利用时间。"每一个人都没有理由不严格地遵守时间，对于正在学习的孩子来说，能否安排好时间，对学习效率有很大的影响。既然时间如此重要，我们要怎样安排它才能称之为"合理利用"呢？

不打无准备的"仗"

鲁　迅爷爷说："时间就像海绵里的水，只要愿挤，总还是有的。"可是要节省出时间，挤出时间用来提高我们自身，是需要花费心思好好规划一下的。一切节约，都要归根到时间的节约上。时间可以节省出来，规划让时间得到更好的安排。

首先，利用时间要紧紧围绕"快不快"。

有这样一件事，说的是一位闲来无事的老爷爷给远方的孙女寄张明信片，这件事可以花上1天的时间来做。先是买明信片，老爷爷用了2个小时，后来找老花镜又找了1个小时，找孙女的地址又用了1个小时，写明信片用了2个小时，投递明信片又用了1个小时。

这位老爷爷所做的事，如果是换一个动作迅速的人来做，你计算一下，可以节省多少时间呢？动作的快慢决定着所耗时间的长短，而调节学习、生活频率，加快学习和生活的节奏，可以在一定程度上节省时间，提高学习和生活效率。

一天，母亲很生气地问小男孩："昨天放学之后你跑到哪里去玩了？"小男孩很诧异地说："哪也没去啊，放学之后我直接回家了。"母亲听了，更生气地说："那你说说，为什么昨天我往家里打电话没人接？"小男孩解释说："噢，昨天我刚到家门口就听见电话响，等我进门电话就不响了。"母亲用怀疑的口吻问："那你说，昨天我几点往家里打的电话？""六点四十五。"小男孩很自信地回答。谁知，母亲"啪"地一拍桌子，生气地喊道："你撒谎！我明明是差一刻钟七点往家里打的电话！"

我们能够体会到"六点四十五"和"差一刻钟七点"的细微差别，可见母亲和小男孩的时间观念是大不相同的。

在我们的学习生活中，若能珍惜时间，提高学习效率，那么将会事半功倍。我们所讲的时间观念和节奏观念，都是为了提高办事效率，如果1个小时就把需要2个小时办的事情办完了，其进展速度提高了一倍。在有限的时间里办成更多的事情是非常有意义的。

其次，安排时间要讲求方法。

学习生活中，如果我们把可以合并起来做的事情尽可能地合起来做，统筹安排，做到两全其美，甚至是十全十美岂不快哉。比如在排队买东西时可以看报纸杂志；在用洗衣机洗衣服的时候，可以同时洗菜、做饭、打扫；在看电视的时候，可以打毛衣；在散步时可以交谈、听音乐、想事情。

有一个年轻人到山上工作，他每天到森林里面去砍木材，非常努力，别人休息的时候，他依然非常努力地砍木材，直到天黑才肯罢休，他希望有朝一日能够成功，趁着年轻多拼一拼。可是来了半个多月，他竟然没有一次能够赢过那些老前辈，明明他自己很卖力，为什么还会输给他们呢？年轻人百思不解，以为自己不够努力，下定决心明天要更卖力才行，结果第二天的成绩反而比前几天还差。这个时候，有一个老前辈叫这个年轻人过去泡茶，年轻人心想："成绩那么不好！哪来的时间休息啊？"便大声回答："谢谢！我没有时间！"

老前辈笑着摇头说："傻小子！一直在砍木材都不磨刀，成绩不好迟早要放弃的，真是精力过剩。"原来，老前辈在泡茶、聊天、休息的时候，也没忘记磨刀，难怪他们很快就能够把树砍倒。老前辈拍拍年轻人的肩膀说道："年轻人要努力！但是别忘了要省力，千万可别用蛮力啊！"老前辈拿着他刚磨好的发亮的斧头说："别忘记你要的是效率，不是有事情做就好。提升你的技巧和能力，你才会有时间做你应该做的事情。"

所谓"磨刀不误砍柴工"，说的就是这样一个故事。那么这能带给你一些启发吗？学习过程中，我们专心致志、心无旁骛，但不代表一定要一条路走到黑，不代表完全不讲究学习方法和效率。

一场罕见的洪水袭击了一个小村落，许多人被无情的洪水夺去了生命。一个三口之家也是这场灾难的受害者，丈夫在洪水中救起了自己的妻子，而他们十岁的儿子却被淹死了。对于这个家庭的不幸遭遇，许多人都深表同情。

但事情渐渐出现了变化，另外一些人对那个男人的选择产生了疑问。在突如其来的洪水面前，丈夫挽救妻子的生命，而放弃了他们的儿子。"难道在灾难来临的时候，孩子就应该成为被舍弃的对象吗？"围绕这一话题展开的争论，一时间成了村里人的热点话题。

一个报社的记者路过此地，听说了这个故事。对于争论，他不想了解。只是他很想知道：如果你只能救活一个人，究竟应该救妻子还是救孩子呢？妻子和孩子哪一个更加重要？于是他专门去采访了那个丈夫。

"我根本来不及想什么，当洪水到来的时候，妻子就在我身边。我们都不想失去对方，于是我就抓住她拼命地往山坡游。而当我返回去的时候，儿子已经不见了。"他痛苦地回忆着。

"请不要过于悲伤，毕竟你从洪水中救回了妻子。"记者最后说道。

抓住离你最近的目标，才有可能体现效率的价值。主人公的选择是正确的，救活一个，胜过失去两个。面对洪水，他可以做到的就是紧紧抓住离自己最近的妻子，这是最为现实和明智的，同时也是最为有效的。如果他放弃妻子去救孩子，可能最后一个人也救不了。太高的奢望和不切实际的目标，对我们而言是没有价值的。只有把握好最近的目标，付出才可能有回报。

做自己力所能及的事情，是简单有效的选择。在学习中，订立切实可行的计划，认真做好身边的每一件事情，那么你的学习就是有效率的。避免为追求高目标，而不从实际出发，希冀快速地达到目标，好高骛远，盲目地制订计划。将眼光盯在虚妄的目标上，却忽视眼前的工作，只会让人疲于应付，缺乏效率。

同学们，是不是在你的学习生活中，也常常会遇到这样的困扰呢？要做的事情很多，可时间是有限的。那么不妨学习一下上文中的丈夫，抓住最近的、最容易实现的目标，这样可以避免做无用功。

约瑟夫和威廉是两个好朋友，他们同时被一家公司录用。在开始的半年里，他们一样努力，每天工作到很晚。最后都得到了总经理的表扬。可是半年后，约瑟夫得到了提升，从普通职员一直升到部门经理。而威廉却似乎始终被冷落，到现在还是一个普通的职员。

终于有一天，心中不平的威廉向总经理递交了辞呈，并痛斥了公司的用人不公。总经理没有生气，他希望帮助威廉找到问题的关键。因为他知道威廉虽然工作努力，但效率不高。这也是他一直没有得到提升的主要原因。

总经理微笑地看着他，忽然想出了一个主意。"威廉先生，请你马上到集市上去，看看今天有什么卖的。"威廉很快从集市回来说，刚才集市上只有一个农民拉了一车土豆卖。"一车大约有多少袋，多少斤？"总经理问。威廉又跑去，回来说有10袋，100斤。"价格是多少？"威廉再次跑到集市上。当威廉回来的时候，总经理对气喘吁吁的他说："休息一会儿吧，你可以看看约瑟夫是怎么做的。"

约瑟夫需要完成的是同样的事情，但结果却大不一样。他很快从集市回来了，并且向总经理汇报说，到现在为止只有一个农民在卖土豆，有10袋共100斤，价格适中，质量很好，他带回几个让经理先看看。另外这个农民还有几筐才采摘的黄瓜，价格便宜，公司可以采购一些。他不仅带回了黄瓜的样品，而且还把那个农民也带来了，他现在正等在外边。

听完约瑟夫的汇报，总经理非常满意地点了点头。而这时，站在一旁的威廉也已经明白了一切，"这就是普通职员和部门经理之间的差别。"

效率的差别来自想法的不同。约瑟夫能够由普通的职员升为部门经理，并没有什么特殊的原因。关键在于他能够延伸自己的思维，比别人想得更多一些。他知道应该从整体上考虑问题，才可以有效地将有关联的工作联系在一起。市场上的蔬菜品种和价格信息并不是割裂和孤立的，一次全面有效地掌握这些信息，将会避免出现威廉那样辛苦却低效率的工作。

一个人的时间和精力是有限的，不可能什么都去做，但抓住主要问题的主要方面去做，同样也是事半功倍的。不打无准备的"仗"，为时间做规划，比一比，看看谁做得最好。

制定"学习列车"时刻序列表

常听见有的同学抱怨时间不够用。其实，在每天的生活中，你完全可以为自己创造出更多做功课的时间。只要你愿意，不但可以做得到，而且可以养成一种良好的学习习惯。

一天，时间管理专家为一群商学院的学生讲课。他现场做了一个演示，给学生们留下了一生都难以磨灭的印象。

站在那些高智商高学历的学生前面，他说："我们来做个小测验。"随即他拿出一个1加仑［美制加仑，容（体）积单位，1加仑约等于3.8升］的广口瓶放在他面前的桌上。

随后，他取出一堆拳头大小的石块，仔细地一块块放进玻璃瓶。直到石块高出瓶口，再也放不下了，他问道："瓶子满了？"所有学生应道："满了！"

时间管理专家反问："真的？"他伸手从桌下拿出一桶砾石，倒了一些进去，并敲击玻璃瓶壁使砾石填满下面石块的间隙。

"现在瓶子满了吗？"他第二次问道。但这一次学生有些明白了。

"可能还没有。"一位学生应道。

"很好！"专家说。他伸手从桌下拿出一桶沙子，开始慢慢倒进玻璃瓶。沙子填满了石块和砾石的所有间隙。

他又一次问学生："瓶子满了吗？""没满！"学生们大声说。

他再一次说："很好！"然后他拿过一壶水倒进玻璃瓶直到水面与瓶口持平。他抬起头看着学生，问道："这个例子说明了什么？"

一个心急的学生举手发言："无论你的时间表多么紧凑，如果你确实努力，你可以做更多的事情！"

"不！"时间管理专家说，"那不是它真正的意思，这个例子告诉我们：如果你不是先放大石块，那你就再也不能把它放进瓶子了。那么，什么是你学习中最重要、最刻不容缓的部分，你能掌握它们并管理它们吗？"

记住，掌控时间唯一的诀窍：如果你不能掌握时间，时间就会反过来掌握你。关键在于，究竟是谁来掌握谁。

你想把你的"瓶子"塞满吗？你能记住先放什么后放什么吗？

以前，日本刚铺设铁路的时候，制定火车时刻表的事，是由英国一位叫贝兹的技师一手包办的。当时的日本人，怎么也想不透如何使各列车相互错开、避开的道理。贝兹先生躲在专用办公室里面，一个人从事着他的工作，不对任何人说出其中的秘诀，所以，大家还以为他耍的是什么高超的"魔术"呢。后来，一个偶然的机会，铁路局的人突然领悟到了其中的秘诀。原来，那个魔术就是一种叫作"时刻序列"的玩意儿，也就是以距离为纵轴，时间为横轴，将火车的动态以线条来表示。时至今日，这种时刻序列表已经进步到以秒为单位，而且毫无差错。

我们在学习当中，为了将自己的"瓶子"填满，实在也有必要制定出我们自己的"学习列车"时刻序列表，让我们的学习效率得到进一步的提高。

怎么样？我们一起来行动吧！

首先，把你一天中使用时间的情况加以详细记录，然后总结学习花费多少时间，那些时间分配是否合理。这就需要做一个"学习分析表"。具体方法是把一大分割成三十或十五分钟的单位，在这张时间表上，填进表示学习内容的线条。例如，把主要生活分为四大类：睡眠、生活、读书、娱乐。其中做得不怎么好的地方，就以点线表示，例如：睡眠时间内，有一段时间是在床上翻来覆去睡不着，那一段时间就用点线来做表示；学习的时间内，有一段时间是花费在准备转变方面，那段时间就以点线来表示（以此类推）。

填好"学习分析表"后，在学习中寻找"浪费掉的时间"。你将会发现"浪费掉的时间"，不外乎就花在下列几种情况：

1. 学习之前，态度不坚定或行动缓慢所浪费的时间。

2. 学习中途，注意力不集中所浪费的时间。

3. 好像在玩，又好像在做功课，两者的界限混淆不清所耗去的时间。

生活上还有一些削减不了的时间。例如：吃饭、饭后休息、帮忙做家务、看报纸、睡眠（八小时）等等，都是我们在生活中必须占去的时间，如果硬要把这些时间挪到读书上去，肯定好不了。这种硬逼出来的计划，早晚是会出现问题的，效果也不大，还是不要用比较好。适当的休闲时间一定不能缺少，因为它是调剂身心的重点。

把时间合理分配之后，你将会发现，一天的时间中（不包括在学校的时间），至少可以有三小时的空闲时间。

在有效的时间内做更多的事情

珍惜生命的人，从来不浪费时间。他们把点点滴滴的时间都看成是浪费不起的珍贵财富，把人的脑力和体力看成是上苍赐予的珍贵礼物，它们如此神圣，绝不能胡乱地浪费掉。常听人们说："时间就是金钱"、"时间就是生命"、"时间就是知识"……这些都恰当表达了时间观念的重大意义。贝尔在研制电话时，另一个叫格雷的人也在研究。两人同时取得突破，但贝尔在专利局赢了——比格雷早了两个钟头。当然，他们两人当时是不知道对方的，但贝尔就因为这 120 分钟而一举成名，誉满天下，并获得了巨大财富。

不珍惜时间或安排时间不合理的人，往往缺少自我控制的能力，缺乏不断前进的动力。所以，在有效的时间内做尽可能多的事情是非常必要的，这对于我们的学习生活会有巨大的帮助。

首先，要有良好的作息规律。

宇宙万物，无不拥有自身独特的规律：牵牛花黎明时竞相开放；夜来香在月光下散发出幽香；蝙蝠白天睡足夜间活跃；公鸡专门在拂晓比歌喉……生物这种有节奏、有规律的生理现象，是受体内"生物钟"控制的。

每个人的身体内部都有一个"生物钟"，它调节着我们的一切活动，因此在我们的生活中起着重要的和微妙的作用。学习最忌信马由缰，放任自流。我们应该制定适合自己"生物钟"的作息制度，形成良好的作息习惯。

按照"生物钟"的规律，一般在早上9点到10点，我们的注意力和记忆力达到高峰，适于学习。下午1点到2点，几乎所有人都会感到困倦，应有适当的午休。下午3点，外向性格的同学的分析力和创造力会在这时达到高峰。内向性格的同学的分析创造能力则在下降。晚上10点以后，体温下降，心率降低，身体各功能处于低潮，这时进入睡眠比较容易。

此外，还有研究表明，白天学习一个小时，等于晚上学习一个半小时。而夜间熬夜学习的最后两小时，远不如第二天白天学习二十分钟效果好。因此，一定要充分利用白天的时间，培养良好的作息规律。

其次，要正确认识时间的价值。

"一寸光阴一寸金，寸金难买寸光阴"，合理利用有效时间的前提条件是正确认识时间的价值，"爱惜时间，就是爱惜生命"。

鲁迅是中国伟大的革命文学家。他在30年时间里为我们写作和翻译了600多万字的作品。大家都说鲁迅是天才，可是鲁迅自己说："哪里是天才！我是把别人喝咖啡的工夫用在工作上。"鲁迅总想在一定的时间内多做一些事情。他曾经说过，节省时间，就等于延长一个人的生命。

鲁迅工作起来不知疲倦。他常常白天工作，晚上写文章，一写就到天亮。他到了老年，把时间抓得更紧。在他逝世前不久，生着病，体温很高，体重减轻到不足40千克，仍然拼命地写作和翻译文章。他临死前三天，还替别人翻译的一本苏联小说集写了一篇序言；在逝世的前一天还写了日记。鲁迅一直工作到他离开我们的那一天，从来没有浪费过时间。

鲁迅不仅爱惜自己的时间，也爱惜别人的时间。他从来不迟到，绝不叫别人等他。就是下着大雨，他也总是冒着雨准时赶到。他曾经说过，时间就是生命，无缘无故地耗费别人的时间，和谋财害命没两样。

我们应该学习鲁迅先生爱惜时间的精神，也要爱惜别人的时间，不让宝贵的时间浪费掉一分钟。

世界上最长而又最短，最快而又最慢，最平凡而又最珍贵，最易忽视而又最令人后悔的就是时间。同学们，如果你能看到时间的价值，请珍视时间。

最后，要有效利用黄金时间。

每个人的生物钟都会按时起作用。同大人一样，你们也会有这种感觉：在相同的时间段，心情好的时候学习效率就高，情绪不稳定的时候，学习效率就低；在一天当中，早晨和夜间学习效率高，下午和傍晚学习效率低。可见，我们的学习往往存在一个最佳学习时机。对我们来说，可以这样安排记忆时间：

第一段：早上 6 点至 7 点，适合记忆一些新的概念、新的内容。

第二段：上午 8 点至 10 点，适合记忆大量基础理论知识。

第三段：晚上 7 点至 9 点，适合进行综合性知识的记忆。

第四段：晚上 10 点至 11 点，适合记忆精确性高、容易出错的知识。

当然，每个人的具体情况又有所不同，有些人早上学习效率高，有些人晚上学习效率高。我们要了解自己的特点，掌握自己的最佳学习时间，然后把重要的学习内容安排到最佳时间里去学习，最终达到充分利用有效学习时间的目的。

拒绝浪费

节约时间是基本的时间运筹原则。从时间中节约时间，用尽可能少的时间，办尽可能多的事情，学习到更多的知识，从而极大地提高学习效率。恩格斯指出，利用时间是一个人把难以利用的时间利用起来，并创造了许多从时间中去找时间的切实可行的方法。节约时间就要拒绝浪费。

明熹宗的父亲光宗在做皇子的时候，一直不受自己父亲神宗皇帝的喜爱。神宗也因此不想立他做太子，很久都不让他出阁念书，使得他差点成了文盲。处于忧惧之中的光宗因无暇关心自己儿子的学业，致使明熹宗朱由校成了文盲。光宗即位，大臣们劝他赶紧给太子朱由校找个老师读书，他却说不着急，过两天再说吧。结果，还没过几天，他就死了，因此朱由校这个文盲就当了皇帝。不过皇帝虽然是文盲，却有一门鼎鼎大名的好手艺，那就是做木工活儿。明熹宗在做木工活儿方面非常有天赋，当时工匠们造出来的床都极为笨重，要十几个人才能搬动，还很费原料，样式也极普通，于是他就亲自设计图样，亲自动手锯木、钉板，很快就做出一张新床。这张床极其精巧，床架上镂刻着各种花纹，床板还能折叠，便于移动、携带。皇帝的新设计一出，连那些老工匠都赞叹不已。明熹宗把时间和精力都放在做木工活儿上，对国家大事不闻不问，终于误了治国大事。

从明熹宗的身上，我们了解了浪费时间的可怕。作为小学生的我们，应该如何珍惜时间，拒绝浪费呢？

首先，我们要防止"不速之客"的干扰。

不速之客，是指未经预约的来访者。不速之客的干扰，既浪费时间，又打乱思路，使自己难以专心学习。对付不速之客，下列方法可以试一试。

1. 不要采取无条件的"门户开放政策"。最好"授权"给自己家人甄别并阻拦来客；最好将学习室安排在一个"隐蔽"的地方。

2. 在学习室外接见不速之客。有的来访者不愿向家里人透露来意，则可在学习室外见客，这样有助于缩短会客时间。

3. 站立会客。来访者不顾家里人的阻拦而登堂入室，则可马上起立并给予友善的招呼，这样可避免对方坐下，缩短面谈的时间，主人在心理上居于上风。

4. 限时面谈。和来访者面谈之初，可向来客言明能面谈的时间究竟有多少。采用此法可由父母代言，如由自己述说这类话，则需讲究技巧，以免被来访者视为傲慢无礼。

5. 推迟回家。为了增加学习时间，在校学习的学生可延迟回家，这是因为放学后的不速之客通常以闲聊者居多。

法国著名作家维克多·雨果，有一回为了按时完成一部新作品，便紧张地投入到写作中去。可是，外面不断有人来邀他去赴宴，出于礼节，他不得不去，为此浪费了很多时间。最后，他想出了一个绝妙的办法，把自己的头发剪去一半，又把胡子剪掉，再把剪子扔到窗外。这样，他就不好出去会客，不得不留在家里按时完成他的写作任务了。

其次，我们要学会拒绝接纳请托。

拒绝请托是保障自己的学习时间的有效手段。倘若勉强接纳他人的请托便会干扰自己的步伐。当一个人能够克服"不好意思拒绝他人的请托"的心理，并且具备"拒绝他人的请托"的技巧，则能节省很多时间和精力。

在诸多的请托中，有一些是责无旁贷要接纳的；另一类是请托本身不合理、无法办到的。

这里指的是拒绝后一类的请托。

为什么有的人不好意思拒绝他人的请托，而去做浪费时间的事呢？其原因可能有：

接纳请托比拒绝更为容易；

担心拒绝之后导致请托者报复；

想做一个广受喜爱的人；

不了解拒绝他人请托的重要性；

不知如何拒绝他人的请托。

消除前4种原因，必须从自我观念转变开始。至于不知如何拒绝他人的请托，有下面几种方法可供参考：

耐心倾听请托者所提出的要求，以示对请托者的尊重。即使在他述说之时便已经知道非加以拒绝不可，也必须凝神听完他的话语。

拒绝接纳请托时，应显示本人充分理解这种请托对请托者的重要性。

拒绝接纳请托时，在表情上应和颜悦色，并略为表达歉意。

拒绝接纳请托时，最好能说明理由，假若请托者试图推翻本人的理由，则可反复说清理由，而不能发生争执。

要使请托者了解，本人的拒绝是对事而不是对人的。若有可能，应为请托者提供处理此事的其他途径，但不要通过第三者拒绝请托者的请托。

不要被请托者说服而打消或修正本人拒绝的初衷，否则会显得自己不诚恳，也没有达到节约时间的目的。

总之，在我们的学习生活中，懂得拒绝浪费时间是非常重要的，这对我们的学习乃至以后的生活都会有深远的影响。

不可小视的"琐碎"时间

关于利用时间，曾有一个极妙的比喻：使用时间就像打包货物一样，任何一个小空隙都不要放过。

生活中有许多琐碎的事情要做，比如削铅笔、整理房间、收拾书包等，这些琐事占用的时间虽然不多，但累积在一块儿也是相当可观的。如果把这些事情都攒在一起做，必定会占用大块的时间，影响学习。解决的办法就是：利用琐碎时间，分别完成。比如，利用学习间隙的休息时间削削铅笔、整理一下书桌等，不仅不会占用正常的学习时间，而且，由于在做这些事时，大脑得到了良好的休息，将会使之在接下来的连续学习中取得更好的效果。

有两个和尚，他们分别住在相邻的两座山上的庙里。这两座山之间有一条溪，于是这两个和尚每天都会在同一时间下山去溪边挑水，久而久之他们便成为了好朋友。就这样，时间在每天挑水中不知不觉过了五年。突然有一天，左边这座山的和尚没有下山挑水，右边那座山的和尚心想："他大概睡过头了。"便不以为意。哪知道第二天左边这座山的和尚还是没有下山挑水，第三天也一样。过了一个星期还是一样，直到过了一个月，右边那座山的和尚终于受不了了，他心想："我的朋友可能生病了，我要过去拜访他，看看能不能帮上什么忙。"

于是他便爬上了左边这座山，去探望他的老朋友。等他到了左边这座山的庙，看到他的老友之后大吃一惊，因为他的老友正在庙前练习养生的功夫，一点也不像一个月没喝水的人。他很好奇地问："你已经一个月没有下山挑水了，难道你可以不用喝水吗？"左边这座山的和尚说："来，来，来，我带你去看。"于是他带着右边那座山的和尚走到庙的后院，指着一口井说："这五年来，我每天练完功夫后都会抽空挖这口井，即使有时很忙，能挖多少就算多少。如今终于让我挖出井水，我就不用再下山挑水了，这样我就可以有更多时间练我喜欢的功夫拳了。"

真正伟大的人，取得的成绩都是在别人认为应该休息的时间，或者是别人认为没有什么技巧和机遇可以寻找的地方。其实，人的一生，即使能活到百岁高龄，为了生活上的需要，也不得不将时间分割成零碎片段，例如，我们有时需要吃饭，有时需要睡觉，有时需要学习，有时需要办理私事。为了吃一顿饭，就得花时间去想吃什么，去哪吃。为了睡觉，我们得时常打扫宿舍、整理床铺，有时候躺下来，还会辗转反侧，无法立即成眠。吃饭、走路、睡觉，其实并不一定是自己心甘情愿要做的事情，而是每个人生活中不可或缺的事情。在我们短暂的生命旅途中，如果将每天吃饭、睡觉、走路、上厕所、洗澡的时间全部扣除，还剩下多少时间呢？即使人生还有数十寒暑，如果除去嗷嗷待哺、懵懂无知的幼年，垂暮多病、心力交瘁的老年，真正能够认真学习，奉献社会的时间，还剩多少呢？所以人生的时光，实在是太有限、太短暂了。既然"时间零碎"是生活中的事实，懊恼无用，我们必须正视这个问题，进而善用它，将它转化为一股激励向上的力量，实现我们的理想，创造我们的价值，集合诸多"琐碎的时间"，学有所成也就不是个遥远的梦了。

我们经常谈如何珍惜时间、利用时间，但我们又有谁真正成为了时间的主人呢？上课、看卷子、开会等事情把白天晚上的时间全占满了。我们又何尝不是呢？我们能摆出很多种理由来证明我们的确没有时间。但我们真的没有吗？理由其实都是站不住脚的，那只能算作我们浪费时间的借口吧！试想，在我们的学习生活中有多少个这样的五分钟、十分钟呀！

如果我们试图拿出整块的时间来读书思考，我们永远会在书外徘徊，在思考外打转。有这样一句名言——成功的人面对困难会说：是有困难，但总会有办法的；失败的人面对困难会说：难啊，哪里有办法？

作为学生，学习任务繁忙是肯定的，但并不是忙到"没有时间"，我们需要读的书很多。在公平的时间面前，我们应珍惜时间——抓住那短短的五分钟。如果我们能像爱尔斯金那样珍惜那短短的五分钟时间，才能在浩瀚的学海中畅游。

同学们，别小看"琐碎"的时间了，从这一刻起，抓紧利用吧！

美文链接

匆匆

朱自清

燕子去了，有再来的时候；杨柳枯了，有再青的时候；桃花谢了，有再开的时候。但是，聪明的，你告诉我，我们的日子为什么一去不复返呢？——是有人偷了他们罢：那是谁？又藏在何处呢？是他们自己逃走了罢：现在又到了哪里呢？

我不知道他们给了我多少日子；但我的手确乎是渐渐空虚了。在默默里算着，八千多个日子已经从我手中溜去；像针尖上一滴水滴在大海里，我的日子滴在时间的流里，没有声音，也没有影子。我不禁头涔涔而泪潸潸了。

去的尽管去了，来的尽管来着；去来的中间，又怎样地匆匆呢？早上我起来的时候，小屋里射进两三方斜斜的太阳。太阳他有脚啊，轻轻悄悄地挪移了；我也茫茫然跟着旋转。于是——洗手的时候，日子从水盆里过去；吃饭的时候，日子从饭碗里过去；默默时，便从凝然的双眼前过去。我觉察他去的匆匆了，伸出手遮挽时，他又从遮挽着的手边过去，天黑时，我躺在床上，他便伶伶俐俐地从我身上跨过，从我脚边飞去了。等我睁开眼和太阳再见，这算又溜走了一日。我掩着面叹息。但是新来的日子的影儿又开始在叹息里闪过了。

在逃去如飞的日子里，在千门万户的世界里的我能做些什么呢？只有徘徊罢了，只有匆匆罢了；在八千多日的匆匆里，除徘徊外，又剩些什么呢？过去的日子如轻烟，被微风吹散了，如薄雾，被初阳蒸融了；我留着些什么痕迹呢？我何曾留着像游丝样的痕迹呢？我赤裸裸来到这世界，转眼间也将赤裸裸地回去罢？但不能平的，为什么偏要白白走这一遭啊？

　　你聪明的，告诉我，我们的日子为什么一去不复返呢？

第三章　记忆是学习的好朋友

据统计，78％的学生成绩不好的主要原因是记忆力欠佳，学过的东西记不住。或者平时记得好好的，一到考试就忘了。而这些学生并非缺乏记忆的天赋，只是没有掌握正确的记忆方法。学习是一个理解、记忆和运用的过程，记忆在学习中占有十分重要的地位，记忆力提高了，学习成绩自然会好。在小学阶段，记忆力的重要性甚至占了学习成绩的80％到90％，试想一下，如果我们让学习和记忆成为好朋友，还会害怕考试吗？

神奇的联想记忆法

联想，就是当人脑接受某一刺激时，浮现出与该刺激有关的事物形象的心理过程。一般来说，互相接近的事物、相反的事物和相似的事物之间容易产生联想。利用联想增强记忆效果的方法，叫做联想记忆法。美国著名的记忆专家曾说："记忆的基本法则是把新的信息联想于已知事物。"

联想记忆法分为以下 3 种具体方法：

1. 接近联想法

两种以上的事物，在时间、空间上相似或接近，这样只要想起其中的一种便会接着回忆起另一种，将其整理成一定顺序就容易记得多。

有时候，明明特别熟悉的一个外语单词，甚至连这个单词在教科书上什么位置都能回忆起来，可一下子就想不起来具体怎么拼写。这个时候我们就可以从这个词在书上什么地方想起，想想它前面是个什么词，后面跟了一个什么词，这样反复联想，就有可能回忆起这个单词。

这个词和前后词位置接近，这种联想就叫空间上的联想。还有一种是时间上的联想。例如：一个人在一本辞典上看到对某个词的很有意思的说明和解释，告诉了另外一个人。那个人也很感兴趣，问他是在哪本辞典上查到的，要去亲自查看一下全文。可惜他已经记不清查的是哪本辞典了。这个人就可以回忆当时查辞典的情形。首先想起是前天晚上查到的，记得那天晚上他还为这事高兴了好一会儿。再仔细一想，这个词是在《辞海》上看到的。因为自己前天晚上只查过《辞海》，其他辞典前天上午就都归还图书馆了。这样，通过时间上的联想，就能准确地回忆起自己查的是《辞海》，而不是其他的辞典。

2. 相似联想法

当一种事物和另一种事物类似时，往往会从这一事物引起对另一事物的联想。把记忆的材料与自己体验过的事物联结起来，记忆效果就好。

在外语单词里，有发音相似的，有意思相似的；在汉语中，也有形近字和近义词。这些都可以利用相似联想法帮助记忆。

有两所学校在小学低年级试验一种集中识字的方法，可使学生在两年内认字 2500 个，完全可以独立阅读一般的书籍报纸。这种识字法就是运用了相似联想记忆法。把字形、字音相近，能互相引起联想的字编成一组，比如，把"扬"、"肠"、"场"、"畅"、"汤"放在一起记，将"情"、"清"、"请"、"晴"、"睛"放在一起记。每组汉字的右边都是相同的，每组字的汉语拼音也有共性，前一组的汉语拼音韵母都是"ang"，后一组的汉语拼音韵母都是"ing"，这样就可以学得快、记得准了。

同学们也可以借鉴这种方法，达到迅速而牢固记忆知识的目的。

3. 对比联想法

当看到、听到或回忆起某一事物时，往往会想起和它相对的事物。对各种知识进行比较，抓住其特性，可以帮助记忆。这就是对比联想法。

许多诗集和对联大多是按对仗的规律写的。如杭州的岳飞庙有这样一句诗："青山有幸埋忠骨，白铁无辜铸佞臣。""有"和"无"是相反的，埋下烈士忠骨和铸就奸臣是相对比的。相传，这里埋着抗金英雄岳飞的尸骨，后人由于痛恨奸臣秦桧使用阴谋害死了他，便用铁铸了秦桧夫妇的跪像放在墓前。只要记住这副对联的上句，下句凭对比联想就不难回忆了。

对于古律诗，我们往往感到中间两联好背诵，原因就是律诗的常规是中间两联对仗。对仗常用这种对比，例如名句"两只黄鹂鸣翠柳，一行白鹭上青天"。又如唐朝诗人王维的《使至塞上》诗的中间两联："征蓬出汉塞，归雁入胡天。大漠孤烟直，长河落日圆。"对比之处很多，由前一句可以很自然地联想起后一句。

联想记忆可以使我们的大脑更活跃，也会让我们的脑海产生创新意识。人类自古以来都在试图开发自己的记忆力，并且总结了诸多有效的记忆方法，每个人都可以根据自己的实际情况，总结经验，加强学习，提高记忆力，丰富自己的"智力仓库"。

接下来，同学们可以通过一些小测试更全面地认识神奇的联想记忆法。

（1）用30秒的时间，把下面的故事内容介绍给别人，看看自己记住多少。

今天早晨，兔子小白死了。它是我的宠物，也是我最好的朋友。我哭了很长时间，因为我知道，我再也见不到它了。爸爸告诉我，兔子小白的年龄太大了，犹如秋天里飘落的树叶，任何人，任何事物都要遵循生命的规律。

他还对我说，我们在一起生活了多久并不重要，重要的是我们相处得如何。兔子小白活着的时候，它给我们一家人带来了很多的快乐，我们在一起玩得很开心。我希望无论兔子小白现在在什么地方，都会过得愉快，并且记得我。我永远也不会忘记它！

可将上述材料做出以下联想：

①兔子死了——兔子小白死了，它是我的宠物，也是我最好的朋友——我对此有什么感觉？

②哭了——我哭了很久——为什么哭了？

③再也见不到它了——因为我知道，我再也见不到它了——家人是什么样的反应？

④爸爸——爸爸告诉我——告诉我什么了？

⑤年龄太大了——兔子小白年龄太大了，……任何人和任何事物都要遵循生命的规律——还告诉我什么了？

⑥重要的是——还对我说，……重要的是相处得如何——兔子小白与我们相处如何？

⑦快乐——兔子小白活着的时候，给我们一家人带来很多的快乐——和我关系如何？

⑧开心——我们在一起玩得很开心——我现在感觉如何？

⑨希望——我希望兔子小白无论在……记得我——为什么？

⑩因为不会忘记——我永远也不会忘记它。

（2）仔细研究下面的词和词组 5 秒钟，然后闭上眼睛，写下所有你能记得的。看看你可以记得几个。

纽扣　飞机　奔跑的鸵鸟　航天员　一双布鞋　天鹅　展翅的飞鹰　企鹅　小麻雀　爬行的小宝宝

在这 10 个词和词组中，有 5 个是鸟类。所以，在研究的时候，你在脑中就会自动把它们归类，也许它们就是你最容易记住的东西。而其他的零散信息，没有受过训练的人，几乎是很难在瞬间记住的。这是记忆的第一个小技巧，也许人人都会。因此只要你能够稍稍运用规则来分类，就能够更容易记忆。

（3）下面是 10 个不同的词，你能在极短的时间内将它们记住吗？

高兴　两尺　25　理想　课本　老师　铅球　药品　镜子　右面

你可以编这样一段话来帮助自己记忆：我"高兴"地一跳"两尺"高，身体在空中的时候突然想到："都'25 岁'了，还没有实现自己的

'理想'，只好拿着'课本'去向'老师'讨教，可是意外发生了：一颗'铅球'打在我的身上，老师急忙拿来了'药品'，过了一会儿，我在'镜子'前照了一下，'右面'的伤已经好了。"

好了，等你编完了，然后闭上眼睛，在纸上写下上面的 10 个词，你会发现，全部都写对了，连顺序都不会错！这种记忆的好处是简单易行，而且一旦记住就很难忘记。你完全可以按照你自己的想法编写，每一个人都是编写的高手，在编写的同时你也成了记忆的高手。

同学们，联想记忆法是不是非常神奇呢？掌握了这样一个记忆方法，你还怕那些困扰你的单词或者诗句吗？行动起来吧，马上去试一试。

重复是记忆之母

"重复是记忆之母"，记忆是在反复中进行的，重复是同遗忘作斗争的最有力的武器之一。遗忘是记忆"痕迹"的淡漠或消失，重复可以加强大脑皮层的"痕迹"。重复学习不仅有修补、巩固记忆的作用，还可以加深理解。俗话说，"书读百遍，其义自见"，讲的就是这个道理。

爱因斯坦创立"相对论"后，各大学纷纷请他去作学术报告，爱因斯坦整天奔波于各个大学之间，十分疲劳。

有一次，爱因斯坦的司机说："教授，你太累了，下次让我代你去做吧！我听了那么多次你的演讲，你讲的那些东西我都能背出来。"

爱因斯坦欣然同意："好极了！下次就让你去，你扮作我，我扮作你的司机，坐在台下休息。"果然，司机在台上讲得头头是道，爱因斯坦暗暗佩服司机的记忆能力。

报告终于结束了。这时，一位教授向台上的"爱因斯坦"提出一个复杂的问题。"爱因斯坦"顿时傻了眼，但是，他灵机一动，对这位教授说："这个问题太简单了，我的司机就可以回答您的问题。"他把坐在台下的真爱因斯坦叫上台来，代他回答了问题。真爱因斯坦从容地回答了这位教授的问题。这时候，学生们都惊叹地说："想不到爱因斯坦博士的司机也如此有学问啊！"

不重复，记住的知识就会慢慢被遗忘。

明末清初有个思想家叫顾炎武，他有很强的记忆力，不仅能够背诵十三经，而且在天文、数学、历史、地理等各方面都有很强的造诣，知识十分渊博。其中，十三经一共有上万字，记这么多内容，顾炎武是怎么做到的呢？顾炎武的法宝就是重复。据《先生读书诀》这本书上记载："亭林十三经尽皆背诵。每年用三个月温理，余月用以知新。"这里的亭林就是顾炎武，说的就是顾炎武能够背诵十三经，但他每年都会花三个月时间来复习读过的书，其余的时间才是用来学习新的内容。

可见，顾炎武之所以记忆很牢固，就是因为重复记忆。

在学习中，总有一些材料和内容是无意义、无联系的，对于这些材料就可采用机械重复的记忆方法，强迫自己去记住那些不易记住但是又必须记住的材料。

重复记忆的最大特点就是反复记忆，舍得下功夫。著名科学家茅以升在80多岁时，仍能背出圆周率小数点后一百多位数值。当人们问到他的记忆秘诀时，他的回答是："重复！重复！再重复！"其实，重复不仅有巩固记忆的作用，而且还可以加深对知识的理解。很多知识很枯燥，在刚学的时候总是掌握不住内在的联系，但是，每重复一次就可以把前后的内容串联起来，理解也就更透彻了。

重复记忆需要一些技巧：

1. 要及时复习

心理学家认为，第一次复习要及时，当天学习的内容要当天复习，第二次复习也不要间隔太长时间。两次复习的时间间隔至少应大于30分钟，但应小于16小时。因为30分钟内就开始复习，会对大脑巩固原有的记忆内容的生理过程形成干扰，反而不利于记忆效果；16小时以后再复习，则所记内容已经被遗忘得太多了，等于浪费了前面的精力。再往后，复习的间隔时间就可以长一些，每次复习用的时间也可以少一些。

2. 闭上眼睛回忆

为了加深记忆，在读完一课或一本书以后，可以闭上眼睛，把一个个场景、数字或单词像放电影一样再现出来，以此来强化记忆。

3. 要多次重复

"学而时习之"，这个道理我们每个人都懂，但是，真正能坚持下来的人却不多。许多人往往温习过一两次，考完之后就不再过问。这样，时间一长，记忆的东西又忘得一干二净。

一般来说，多次重复最好这样进行：第一次复习，在学习知识后立即整理笔记，记住其要点，并用自己的话复述一遍，这是保持记忆的最好方法。第二次复习，重新看一遍笔记，然后将要点用自己的话复述一遍，有不明白的地方，及时查阅相关的资料。第三次复习，一周后进行，并将新学的知识与以前所学的知识联系起来记忆。以后每隔一两周再重复一遍，这样，记忆效果必然很好。

4. 注意变化着重复

多次复习往往容易使大脑疲劳，同样的东西在眼前多次出现，很难保持我们的注意。通常，一超过15分钟，头脑就失去了对记忆内容的新鲜感。

因此，首先，我们可以将学习对象变化一下，复习一章数学，可以再次背诵一下公式定律，看一看例题；也可以做些题目；也可以讲给别人听；还可以将这章的内容制成表格或画成图画。其二，我们还可以变换一下复习的方式，如要复习一篇课文，可以朗读、背诵；可以抄写、默写；可以听录音带、看影碟光盘。其三，我们还可以变换一下复习的内容。假设你要学英语：晚上学一课，第二天早晨复习一遍，接着第二天晚上在学新课文之前或之后再复习一遍。如果你除了学英语，同时还要学数学、语文、品德与生活（社会）和科学，那就把你的学习时间分得短一点，例如半小时，以便在学了第一遍之后能够尽早地复习。

同学们，记忆最大的敌人就是遗忘，艾宾浩斯遗忘曲线表明，遗忘的速度是先快后慢。我们一定要牢记遗忘先快后慢的规律，及时复习、反复复习，才能让我们牢牢地记住更多的知识，这样我们也可以成为像顾炎武一样知识渊博的大学者了。

有趣的动作记忆

一个英语单词，如果有两个月时间没有对其进行记忆，相信很多同学会无法正确拼写出这个英语单词。但是同学们会骑自行车吗？假如有两个月的时间不骑，你还会吗？回答肯定是会。这就是动作记忆。

苏联心理学家沙尔达科夫做了这样一个实验：

他用三种方法让三组同学来记十张画的内容。

第一组学生，老师只是告诉他们画的内容，并不给他们看画的真实内容；

第二组学生，老师只给他们看画的内容，并没有跟他们讲画了些什么；

第三组学生，老师一边给他们看画的真实内容，一边给他们讲述画了些什么。

几天以后，老师要求学生们复述画的内容。结果，第一组学生只能说对60%，第二组学生能说对70%，第三组学生则能够说对86%！

人们都有这样的体验：以前所学过的溜冰、舞蹈、画画之类的与动作相联系的内容最不容易忘记；诗词、歌曲等吟唱的内容次之；光用眼睛看过的书籍、画报等披露的内容最易忘记。学习外语，光看不读、不写的单词，比较容易忘记，既看又读、写、用的单词，不容易忘记。其原因在于它们属于不同的记忆。

著名学者朱熹在《训学斋规》中指出："凡读书，须要读得字字响亮，不可误一字，不可少一字，不可多一字，不可倒一字，不可牵强暗记，只是要多诵数遍，自然上口，久远不忘。"

文学家苏东坡，在多年的求知生涯中，养成了抄书的习惯。他的抄书，往往不是为了积累资料，而是为了加强对书的内容的记忆。

由此可见，我们在记忆的过程中，手、心、口三者同样重要，要充分发挥各个器官的作用，尽可能多地运用各种器官来协助自己提高记忆速度和记忆效果。

俗话说"心灵手巧"。脑科学家认为，手指在大脑皮层的感觉和运动机能中占的比重最大，经常活动手指来刺激大脑，可以延缓脑细胞的衰老，改善记忆力、思维能力。

一般在正式学习前、学习中、学习后，都可以进行手指游戏的练习。这对活跃思维，改善记忆力有促进作用。

日本东京大学医学系栗田昌裕医生经多年实践证明："手指游戏可以提高人的智力。经过 20 小时的'手指游戏'练习的人，阅读速度平均提高 10 倍左右，效果好的人达到 28 倍。"栗田说，这种练习对小孩效果尤佳，他以中小学生为对象，进行 6 天共计 18 小时的讲座，取得了平均阅读速度提高 50 倍的好成绩。

以下是十种"手指记忆体操"，同学们可以在平时多多锻炼，既有趣味性又可以提高记忆力，何乐而不为？

1. 对接手指

两手大拇指与其他手指轮流对接，循环往复，越快越好。

2. 编手指

左手四指并紧，右手拇指始终在左手拇指下，右手各指与左手编织在一起。先使右手的第三和第五指在上，二和四指在下，然后迅速换至二、四指在上，三、五指在下。熟练后可换手。

3. 并手指

各指并拢，先使第三和第四指分开；再并拢使第二、三和第四、五指分开。

4. 转手臂

伸出两臂，在胸前曲臂同时前后旋转，注意方向相反，比如右臂向外旋转，左臂向内旋转。练习熟练后反方向增加难度。

5. 五指曲张

五指伸展。拇指的第一和第二关节、其余各指的第二和第三关节弯曲成九十度。熟练后可增加转手臂动作。

6. 出手指

双手握拳，手心面向自己。左手的大拇指与右手的小指一起伸出、收回，然后左手的小指与右手的大拇指一起伸出、收回。伴着 8 拍节奏，使之有节奏感，越快越好。

7. 敲手指

食指与中指放在桌面，然后迅速换成中指和无名指，采用 8 拍节奏，交替练习，可在协调左右脑的同时提高反应速度。

8. "打枪"

先将右手的大拇指和食指伸出，其他手指握紧，表示一把手枪，左手只伸出食指表示数字 1，然后换手，左手的大拇指和食指伸出，其他手指握紧表示手枪，右手伸出食指和中指表示数字 2，以此类推到 10。

9. 摸鼻子耳朵

双手拍手，然后右手摸鼻子，左手摸右耳；再拍手，左手摸鼻子，右手摸左耳。8 拍节奏，交替练习，可协调左右脑。

10. 阿拉伯计数法

伸出一手，拇指代表 1，食指代表 2，中指代表 4，无名指代表 8，小指代表 16。弯曲手指即代表相应的数字。大拇指弯曲表示 1，大拇指和食指一起弯曲表示 3，以此类推，从 1 数到 30。熟练后可增加到 100。

14 种增强记忆力的方法

1. 利用复读机增强记忆

说到记忆，我们总是把需要记忆的学习内容写在纸上，用眼睛来记忆。但是，随着时代的发展，科技的进步，人们制造出了多种增强记忆的用具，例如复读机。

现在的复读机功能相当齐全，不但容易操作，而且价格合理，可以成为同学们学习必备的首选工具。

2. 多吃核桃仁和鱼

人的大脑中有数亿个神经细胞在不停地进行着繁重的活动。科学研究证实，饮食不仅是维持生命的必需品，而且在大脑正常运转中也发挥着十分重要的作用。有些食物有助于发展人的智力，使人的思维更加敏捷，精力更为集中，甚至能够激发人的创造力和想象力。

营养保健专家研究发现，一些有助于补脑健智的食品，并非昂贵难觅，而恰恰是廉价又普通之物，日常生活中随处可见。核桃仁和鱼就对大脑十分有益，脑力劳动者不妨经常食用。

3. 充足的睡眠能帮助记忆

美国加利福尼亚大学旧金山分校研究人员说，他们在实验中发现，在幼猫视觉发育的关键时期，睡眠极大地促进了大脑内部各部分之间的联系。他们将实验猫的一只眼睛挡住 6 个小时，然后让一些猫睡眠 6 个小时，另一些猫则不睡。结果发现，前一组幼猫大脑内部发生变化的数量是另外一组的两倍。

可见，适度的睡眠是人体健康的保证，更是大脑健康的保证。同学们要想在学习的时候集中注意力，发挥良好的记忆力，就要保证充足的睡眠。

4. 平时多参加体育运动

多项研究表明，具有健康的体魄，才有健康的头脑，人要保持大脑活跃，就要经常运动。事实上，体育运动是学习的兴奋剂。张弛有度的学习，对科学用脑、提高学习效率是非常有用的，也是非常必要的。

5. 听音乐能给记忆加分

科学研究表明，音乐能够改变大脑的活动，改善大脑的作用，调节精神的紧张程度。小学生经常听轻松的、愉快的、舒适的音乐，对大脑皮层以及大脑边缘系统的活动大有益处。因为，在音乐的刺激下，能增强记忆的能力。

6. 晚上学习要有适宜的灯光

一般认为，最适合小学生读书或学习的亮度是 400～600 勒克斯，而每个人都有自己的最适宜的照明度，例如：有的人不喜欢太亮，而有的人则喜欢光线强，只要光线稍微暗一点，眼睛就会觉得疲劳。

一般的情况下，如果光线太亮的话，人就会分散注意力，但如果太暗，就会增强疲劳感。晚上的学习比白天效果好，是因为日光的亮度容易使精力分散的缘故。在光线充足的房间里学习，或许有人会觉得很舒服，但是为了使注意力集中在学习上，必须要用窗帘或百叶窗将光线遮盖到某一程度。

7. 科学摆放书桌

大部分的人都是把书桌安置在靠墙或窗户下的位置。除了宽敞的房间以外，一般的房间在角落、靠墙或窗户的下方等地方摆放书桌，是比较适当的。

8. 图画可以帮助记忆

美国图论学者哈里有一句名言："千言万语不及一张图。"采用绘画的方式，让内容图像化，这对于帮助记忆的作用是非常明显的。根据心理学家的研究，图像对于记忆的作用比单一的听觉对于记忆的作用要高出 3~10 倍。

9. 交替学习内容进行记忆

有些同学在学习的时候总是喜欢偏爱某些课程，于是用很长时间集中学习，结果记住的很少。有些同学由于某科是弱势科目，就增加学习的时间，长时间地记忆这个科目的知识，效果却不太理想。这样做不但无法轻松地把这些知识点记住，而且还会造成记忆疲劳，影响其他学科的学习。

这其实是在学习的时候长时间单一记忆造成的。俄国哲学家车尔尼雪夫斯基说："变换工作就等于休息。"因此，我们应该改变"单一记忆"的不良习惯，尝试运用"交替记忆"的方法，从而提高记忆。

10. 边读边抄有助记忆

俗话说："眼过十遍，不如笔过一遍。"认认真真地抄过一遍，比阅读许多遍都有效果。逐字逐句地抄写，注意力就会比较集中，手脑并用更容易记忆那些正在抄写的内容。边写边记的方法尤其适用于英语单词的记忆。因此，同学们要运用抄写的办法来对付那些难记的学习内容，努力通过手脑并用的方法把它们记住。

11. 利用卡片进行记忆

卡片，作为活页纸的一种形式，既可以保持记笔记的优点，又可以弥补笔记本的"不灵活"性，便于对资料进行整理、归类和日后查阅、保存。而且同学们可以随时做内容的修改或者增补，如果纸面改得不清楚了，又可以随时换另一张新卡片，重新抄写一遍。并且，这些卡片可以任意做排序的调整，或者根据需要做各种门类的组合，即做某一个专题卡片。一张张卡片犹如记忆的仓库，对增强记忆，特别是记忆英语单词，效果特别好。

12. 巧记数字

数字与我们的学习和日常生活有着十分密切的关系。而记忆数字则是一件十分枯燥的事。我们可以用"赋予数字意义""利用数字谐音记忆""假借数字为其他对象""对数字进行分析""用歌唱法记忆数字""把数字趣味化""对数字进行运算"等方法记忆数字。

13. 分段记忆法

分段记忆法就是把需要记忆的内容分成若干部分，把大段化成小段，把小段再化成大段，直到那一小段能让自己容易记住的方法。

从电话号码、身份证号到课文，我们都可以用分段记忆法进行记忆。

14. 明确目标增强记忆

心理学研究表明：记忆目的明确时，脑细胞处于高度活跃状态，大脑皮层形成兴奋中心而注意力格外集中，接受外来信息相对主动，大脑皮层留下的痕迹也非常清晰、深刻。因此，我们应该在记忆时首先明确目标。

趣味链接

谐音助记忆

利用谐音来帮助记忆是一种有效的记忆方法。许多学习材料很难记忆，在它们之间不易找出有意义的联系，如历史年代、统计数字等，如果对这些学习材料利用谐音辅以某种外部联系进行记忆，就便于记忆了。

据说，有一天，某位补习班数学老师要上山与山顶寺庙里修行的师傅对饮，临走时，教导学生背圆周率，要求他们背到小数点后22位。大多数同学背不出来，十分苦恼。有一个聪明的学生把老师上山喝酒的事，结合圆周率数字的谐音编成了一句话："山巅一寺一壶酒，尔乐苦煞吾，把酒吃，酒煞尔，煞不死，乐而乐。"

待老师喝酒回来，学生们个个背得滚瓜烂熟，老师不得不佩服那位编趣味口诀的学生。这个聪明的学生就是利用谐音法来帮助记忆的。

利用谐音法还可以帮助记忆某些历史年代。不少人觉得记忆历史年代是件很苦恼的事，不容易记住，而且还容易混淆。但是，要学好历史，就必须记住历史年代，因为没有时间也就无所谓历史。于是，许多聪明人利用谐音法来帮助记忆历史年代。

例如，生于1818年。那么可以这样记："一爬一爬"了。再如，甲午战争爆发于1894年，割让台湾给日本是1895年，用它们的谐音"一把旧事"、"一罢救无"进行记忆，就非常容易记住了。

第四章　轻松学习，快乐学习

著名的物理学大师爱因斯坦有句名言："兴趣是最好的老师。"而学习兴趣是学生学习的最主要动力。如果我们在枯燥的学习中能够培养自己的学习兴趣，做到轻松学习，快乐学习，那真是一件两全其美的事。

弄假成真，引发学习兴趣

很 很多同学，一拿起书就会产生不愉快的情绪，甚至厌烦、恐惧，这不仅影响聪明才智的发挥，导致学习效率低下，而且还会对身心产生不良的影响。之所以会出现这样的情况，其主要原因就是对学习缺乏兴趣。作为学生，学习是我们的职责，在我们不可以改变课程安排的情况下，为什么不去尝试改变自己呢？改变自己对待学习的态度。痛苦也是学，快乐也是学，我们为何不选择快乐地学习呢？

如果按照老爸的规划，此刻的解家强也许还在某个房产公司做营销策划或者是房产经纪人，又或者是个销售员也不一定。总之，三年前所有的设想应该都与房地产有关，谁也没有料想到他会涉足珠宝行业。

"其实我不是专家，完全是兴趣带我走到了今天的位置。"解家强说，"上大学时按照父母意愿，填报了房地产经纪人专业，完全是因为父母觉得这个专业找工作比较容易。"大学毕业后，他顺利地进了南京一家房地产开发企业负责房产营销策划，虽然业绩还不错，但却总因想法和公司领导意见不一致而闹得不愉快。"所谓工作，除了技巧性高的，本来就是谁都能做的事情，而要一直坚持下去，就要完全靠自己的热情与兴趣。"失去了工作热情的解家强，再也提不起干劲儿。

这样的情况坚持了两个月，解家强决定辞职，给自己放个假。因为自己也不知道自己下一步该往哪里走，百无聊赖的他决心去周边城市转转。从事房地产行业以来，每天在一个个楼盘前转悠，还从没有时间好好静下心来看看身边的风景。却不曾想，在上海为买一份小吃改变了他人生的轨迹。

没去上海之前解家强就听说上海城隍庙的小笼包很好吃，于是想去看看。当路过一家珠宝店前，一张招聘海报瞬间吸引了他的注意。"当时也不知怎么回事，鬼使神差般地走进了店里，抱着试试看的态度就参加了应聘。我至今还记得我进去面试还跟面试官说，自己除了知道金伯利是卖钻石的之外对珠宝行业一无所知。"回想起面试的经历，解家强至今觉得很神奇。

或许是对方看中他这股诚恳的勇气，解家强竟然被当场录取。于是，他顺利地进入了上海城隍珠宝总部。总部的工作是辛苦的，从珠宝知识到销售流程，再到管理培训，对解家强来说都是一个个巨大的考验。但兴趣是最好的老师，解家强开始不分昼夜地恶补专业知识。"那段奋斗的日子，和之前在房产公司不同，这完全是自己的选择，加上本身的兴趣，四个月学习的东西甚至比我大学四年学的东西都多。"

机遇总是会留给有准备的人，当江苏分区启动的时候，因为自己是江苏人，专业基础又扎实，解家强很顺利地担任了常州地区的市场经理。

"其实兴趣和工作在我看来，在于你为这份工作能奉献多少热情，热情越大，证明你对它的兴趣越大。"

读了解家强的故事，我们更了解了兴趣的重要性。戴尔·卡耐基有句名言："假如你假装对工作感兴趣，那么这种态度会使兴趣变成真的，并且消除疲劳。"这种经验也可以应用在学习兴趣的培养上。如果你对某一门课程或对学习不感兴趣，你就可以试着让自己假装对它感兴趣，坚持一段时间之后，必定会产生令你意想不到的效果。

一次，美国著名的心理学家罗森塔尔教授来到一所普通中学，在一个班里随便走了一趟，然后就在学生名单上圈了几个名字，告诉他们的老师说，这几个学生智商很高，很聪明。过了一段时间，教授又来到这所中学，奇迹发生了，那几个被他选出的学生真的成为了班上的佼佼者。罗森塔尔教授这时才对他们的老师说，自己对这几个学生一点都不了解。这让老师们很意外。其实，正是由于老师和学生接受了积极的自我心理暗示才出现了这样的结果。

在开始学习自己不喜欢的课程前，可以让自己面带微笑，从心底里愉悦起来，保持一种快乐感，然后对着课本大声说："数学，我非常喜欢你""可爱的语文，我对你充满了兴趣"或者"英语，你真有趣，我一定能学好你！"每天坚持这样做，一段时间之后，对于原先不喜欢的科目的排斥感就会渐渐地消除。天长日久，"假兴趣"就会变成了"真兴趣"，进而转化为深入学习的动力，这个时候你就会惊喜地发现，原来学习并不痛苦。

重视思维，让想象起飞

同学们，古往今来，无数智者运用自己严谨的思维、聪明的头脑解决了生活中的问题，下面，先让我们来读一个小故事。

篮球运动刚诞生的时候，篮板上钉的是真正的篮子。每当球投进的时候，就有一个专门的人踩在梯子上把球拿出来。为此，比赛不得不断断续续地进行，缺少激烈紧张的气氛。为了让比赛更顺畅地进行，人们想了很多种取球方法，都不太理想。有位发明家甚至制造了一种机器，在下面一拉就能把球弹出来，不过这种方法仍没能让篮球比赛紧张激烈起来。

终于有一天，一位父亲带着他的儿子来看球赛。小男孩看到大人们一次次不辞劳苦地取球，不由大惑不解："为什么不把篮筐的底去掉呢？"一语惊醒梦中人，大人们如梦初醒，于是才有了今天我们看到的篮网样式。

有时候，一道习题令我们百思不得其解，但经过他人的提醒，却得到了一个简单易行的办法，有如醍醐灌顶。其实有时我们只需要换一种思维方式，问题就可以迎刃而解。

法国著名科学家法伯发现了一种很有趣的虫子，这种虫子都有一种"跟随者"的习性，它们外出觅食或者玩耍，都会跟随在另一只同类的后面，而从来不敢换一种思维方式。如果你将它们首尾相连地放在花盆周围，一只只虫子会不知疲倦地围绕着花盆转圈，谁也不敢越雷池半步。几天之后，你会发现，所有的虫子一只只首尾相连地饿死在花盆周围——即便是在离花盆不远的地方放置着这种虫子爱吃的食物。

法伯在他的实验笔记中写道：这些虫子死不足惜，但如果它们中的一只能够越出雷池半步，换一种思维方式，就能找到自己喜欢吃的食物，命运也会迥然不同，最起码不会饿死在离食物不远的地方。

其实要换一种思维的，不仅是那些有趣的虫子，还有我们每一个人。那么，除了换一种思维方式去思考，我们还有什么行之有效的办法提高学习效率和成绩呢？绘制思维导图就是一个不错的选择。

思维导图是如何绘制的呢？主要可以按照以下七个步骤进行：

1. 从一张白纸的中心开始绘制，周围留出空白。因为从中心开始，可以使你的思维向各个方向自由发散，能更自由、更自然地表达你自己。

2. 用一幅图像或图画表达你的中心思想。因为一幅图画抵得上1000个词汇，它能帮助你运用想象力。图画越有趣越能使你精神集中，也越能使你的大脑兴奋。

3. 在绘制过程中使用颜色。因为颜色和图像一样能让你的大脑兴奋。颜色能够给你的思维导图增添跳跃感和生命力，为你的创造性思维增添巨大的能量。而且，它很有趣！

4. 将中心图像和主要分支连接起来，然后把主要分支和二级分支连接起来，再把三级分支和二级分支连接起来，依此类推。因为，如你所知，你的大脑是通过联想来思考的。如果你把分支连接起来，你会更容易理解和记住许多东西。把主要分支连接起来，同时也创建了你思维的基本结构。这和自然界中大树的形状极为相似。树枝从主干生出，向四面八方扩散。假如大树的主干和主要分支或主要分支和更小的分支以及分支末梢之间有断裂，那么它就会出现问题！如果你的思维导图没有连线，一切（特别是你的记忆和学习过程）都会功亏一篑。

5. 让思维导图的分支自然弯曲而不是像一条直线。因为你的大脑会对直线感到厌烦。曲线和分支就像大树的枝杈一样更能吸引你的眼球。

6. 在每条线上使用一个关键词。因为单个的词汇使思维导图更具有力量和灵活性。每一个词汇和图形都像一个母体，繁殖出与它自己相关的、互相联系的一系列"子代"。当你使用单个关键词时，每一个词都更加自由，因此也更有助于新想法的产生。而短语和句子却容易扼杀这种火花。标明关键词的思维导图就像有灵活关节的手，而写满短语或句子的思维导图，就像手被固定在僵硬的木板上一样！

7. 自始至终使用图形。因为每一个图形，就像中心图形一样，相当于 1000 个词汇。所以，假如你的思维导图仅有 10 个图形，就相当于记了 10000 字的笔记！

同学们，不要再等了，学会换一种思维方式思考，并且赶紧绘制属于你的第一幅思维导图吧！

学习兴趣，课外寻觅

小学阶段，是我们充分学习各种知识、广泛培养兴趣爱好的时期，课内外的界限没有必要划分得太鲜明，因为课内课外的知识是相辅相成的，课外知识的趣味性也能帮助我们更好地学习课内知识。

课外学习的天地很广阔，但是最简单便捷的方法就是读课外书。

下面是一位小朋友读课外书的经历和感受：

臧克家曾说："读一本好书，就像交了一个益友。"我觉得这个比喻非常确切。

记得三四岁的时候，我就和书交上了朋友。从那时起，妈妈就买了很多《幼儿画报》《识字书》给我看。到了五六岁，我就开始搬着厚厚的《西游记》漫画书看了。不但看书，还把里面的文字一字一句地读出来。那时我识字不多，碰上完全不认识的字就问爸爸妈妈，遇到似曾相识的字就想当然地读出来。还记得一次我把"美猴王得打扮打扮"读成"美猴王得打分打分"，至今还被爸爸妈妈取笑。

上了小学后，我掌握了汉语拼音，学会了查字典，认识的字也渐渐多了起来，看书的面也越来越广了。不仅是童话、漫画，科技书、小说也成了我书柜中的新朋友。我还订阅了很多报刊，每次我都认认真真地看，而且想一口气看完。我看书时比较投入，遇到自己特别爱看的书，妈妈叫我几声也听不见。这时妈妈就会开玩笑地称我为"书虫"，但我并不在乎，因为书让我知道了做人的道理，学到了很多知识，而且增添了许多生活的乐趣。

书陪伴我走过了 12 年的岁月，它似一个跳跃的音符，也似一幅流光溢彩的画面。它把无知的我领进知识的大门，自始至终地陪着我去攀登那知识的高峰。它让我看到了社会各个领域，让我的心灵得到了净化。它让我有了想象的羽翼，让我有了奋斗的目标。我和它的故事永远不会画上休止符，只会随着我的成长而变得越来越丰富。

　　这位同学情真意切地诉说了读书给她带来的快乐，同时也丰富了她的阅历，增长了她的见识。

　　有专家研究证明：一个学生的课外阅读量只有达到课本的 4～5 倍的时候，才会形成语文能力。

　　我国当代著名教育家朱永新说过："一个多读书的人，其视野必然开阔，其志向必然高远，其追求必然执著。"也就是说，多读书，不仅能使人变得视野开阔、知识丰富，而且还能使人具有远大的理想，执著的追求。我国著名的语言学家吕叔湘先生也说过，他学习语文，三分得益于课内，七分得益于课外。的确如此，我们从各种课外书中可以获取丰富的知识，通过阅读，我们可以跨越时空，了解古今中外的事情。我们还可以通过阅读和各种名人对话。不仅如此，多读课外书还能提高我们的作文能力。杜甫说："读书破万卷，下笔如有神。"可以这样说，凡是作文写得好的同学，都是喜欢课外阅读的，因为我们可以从课外书中学到一些好词佳句，可以学到一些写作的方法，可以积累一些写作的素材。当然，读课外书的好处还有好多，喜欢课外阅读的同学都能深切地体会到。

　　孩子在小学阶段养成爱读书的习惯，会使其终身受益。一个人养成了爱读书的习惯，他才会一生都不感到寂寞；他才会完成终身学习的任务；他才会是一个不断提升自己，不断成长的人。如果一个人养不成读书的习惯，他就是一个很容易寂寞、很容易烦躁的人，也是一个眼界不宽的人。

通过阅读一些趣味数学的课外书，你会发现，原来那些枯燥的数字竟然还有着这么多的趣味；读一点浅显易懂的英语童话，不仅可以帮助你记忆在课堂上学到的单词、句子，还可以学到很多老师没讲过的用法，如果把你读到的东西讲给同学们听，他们一定会对你刮目相看！与此同时你会越来越喜欢英语！还有，电视里的少儿节目、动画片，以及网络上的少儿栏目也有一些适宜我们学习、了解的知识，并且是图文并茂，还配以悦耳的讲解，这些比起课本来更吸引人。轻轻松松就能学到很多知识，也能使你对相关的课程产生兴趣。

另外，同学们还可以将自己在课堂上学到的知识应用于日常生活中，这样也可以提高学习的兴趣。例如：在数学课上学会了做计算题，你就可以在跟爸爸妈妈买东西时顺便露一手；学了英语，碰见外国朋友就壮着胆子上前去交谈几句等等。当你发现自己所学的东西真的很有用时，你就会对学习充满兴趣。

学习再忙，不忘游戏

因 游戏集自由性、趣味性、假想性和创造性于一体，这些属性与小学生的好奇、好玩、好动以及无忧无虑的年龄特征完全契合。事实证明，爱玩游戏的孩子更聪明。爱玩是孩子的天性，在孩童时期有许多性格以及人生观都会在不经意的游戏中得以形成和锻炼。

其实曹操和袁绍小时候是经常在一起玩的伙伴。有一天，曹操和袁绍一起去看人家娶新娘，起了偷新娘子的心思。于是当夜两人潜入主人花园里，曹操大叫一声："有偷人的贼来了！"正拼命地跑着，两人突然不小心掉到荆棘丛中，袁绍累得跑不动了，曹操见状，大叫一声："小偷在此！"说完扔下袁绍自己跑了。袁绍惊恐万分，拼命爬起，弄得伤痕累累，最后终于逃出。

军事名家小时候尚且如此，何况每一个可爱天真的儿童呢！但是游戏也有好坏之别，能够提高身体素质、开发大脑或增长见识的游戏都是对我们有益的游戏，体育游戏尤其方便可行。同学们，你们知道多少有趣的体育游戏？让我们来学一学，试一试。

1. 喊号嗒嗒球

布置好嗒嗒球场地，开始一对一打嗒嗒球，之后，两人一组进行对打，先打到 6 球为胜。接下来，每方出 3 人站在半场内，边击球边任意喊对方某一位的号，只有×号才能接球。听错、接错均为失误。还可每方 4 人、5 人或 6 人玩，方法同前。

这样玩，既能够体验合作的快乐，也能培养灵敏的反应，同时还能学会团结合作去争取胜利。

2. 蜗牛爬行

每组两人，甲成跪姿，乙与甲反方向，俯卧在甲的背上，双手抓住甲的双脚后跟。甲的双手抓住乙的双脚踝，组成一个"蜗牛"。然后，甲负重向前爬行，乙保持好平衡不掉地，合作爬到终点即为成功。

3. 摘椰子

准备一根粗而又结实的毛竹竿，其高4至5米。在其竿顶粘挂一束五彩缤纷的气球。活动开始，要求每小队的全体成员先把毛竹竿垂直扶起，然后让每一个人依次爬上去取下一只气球。若有困难，同伴们可以在确保不倒竿的情况下，给予帮助和支持。如让他踩肩，替他托臀等。

4. 蚂蚁搬山

参加这个游戏的人数越多越好，排成两路纵队站立，两路队员要肩并肩，彼此尽量靠近。游戏开始，排头四人出列，其中一人挺直身体，由三人抬起放至纵队排头人的头上，由众人用手慢慢地将其传送到队尾，沿途仍由三人进行保护，确保其安全不跌落。至队尾后，再将其扶下。之后，四人排于队尾，再由排头的四人进行。直到每人都轮流被大家运送过为止。

5. 默契握手

每次两人上场，戴好蒙目罩，两人面对面，相距约一米，相互伸胳膊摸对方的手，摸到后收回。接着原地转三圈，面对自认为同伴应该站立的位置，伸手握之。等到大家都做过之后，议论一下，为什么有的能握着，有的却没有。之后，重新选择同伴，再做一次。体验一下第六感的存在。

6. 请尝山楂片

这个游戏可在缓解紧张气氛时用，它既能引人发笑，又能消除疲劳。主持人请队员们放松站立，双手在背后拉住，各自把头仰起来，依次在他们的额头上放一片山楂，要求他们巧妙地改变头的位置，使山楂片移动，落进自己的嘴里，吃掉。一旦成功马上可说："我成功了!"主持人便可马上再在他额头上放一片。在规定的时间内，吃到山楂片多的人获胜。若山楂片落地，不得拾起，但可另外再给一片。

7. 左右兼顾

在地上画两个相距为 5 米的圆圈，甲圈内放一只大气球，乙圈内放 10 只空的易拉罐。每次游戏同时由甲乙二人进行，两人的内侧手腕用绒布条系牢，站在两个圆圈的中间。游戏开始，主持人将甲圈的大气球垂直高高抛起。此时，游戏的两人，既要不断地击打甲圈内的大气球使其不落地，又要尽快地将乙圈中的易拉罐全部叠起来。为了完成此项任务，甲乙二人必须协调配合，互相照应，即甲每次击打一下气球，就赶紧移至乙圈，由乙叠一下罐，紧接着，马上移至甲圈，去击打气球，如此左右兼顾好，才是最佳的方法。

8. 走出黑暗

主持人请小队 12 人全部戴上蒙目罩，坐下，讲走出黑暗的故事。讲罢，请出 1 人，来到偏僻处，让他脱掉眼罩，交给他一张路线图，请他担任向导。路线图可以是校园，也可以是公园或野外营地。全长为一千米，要经过许多障碍，甚至还得上楼梯，进地下室，寻找宝藏，同时要求除向导外，别人都不准说话、不准偷看，大家手拉手成一队，在向导的引领下，尽快完成任务。

9. 轮胎大赛

利用篮球场上的篮球门柱当"大门"，并在场中布置两只不同颜色的卡车内轮胎，每队人数可控制在五至七人，以不同色的头巾或臂带为区别。另外，预备时各队站于起始线后面，选一人戴上蒙目罩。游戏开始，蒙目者在队友的语言提示下，进入场中，一旦先触到本队的内胎，即可揭去眼罩，并且本队队员马上都可进入场内，将自己队的轮胎用脚踢或手滚，攻进对方大门，先攻进者便可得一分。接着轮流当蒙目者，游戏再开始。先积 6 分的队为胜。

10."游泳"比赛

利用草地作为活动场地。游戏者两人一组，甲席地而坐，双腿向前伸直，双臂后撑，乙俯卧于甲的双腿上并两脚反钩于甲的后腰上，两臂前伸，组成一个"小青蛙"。发令后从起点出发，甲双手反推并收腹屈膝，使自己的身体载着乙前移一步，与此同时，乙抬头挺胸，两臂做一次划水动作。接着甲双臂收回，双腿向前伸直，乙低头含胸两臂前伸，如此连续运动向前进，配合协调、姿势优美并先到达终点的组为优胜。

11. 气球赛

在长 6 米、宽 3 米的球场中，拉一张 1.5 米高的绳网，游戏者每队 2 人，各居半场，用气球比赛。发球时可用手拍，其他场合只能用头顶或嘴吹，球出界、未过网、钻网或落地为失误，由对方得 1 分，先获得 6 分的队为胜。

12. 赛跑

参赛者事先准备一张薄绵纸，上面写着自己崇拜的优秀运动员，如王军霞的名字，发令后放于胸前，不用手扶，飞快向终点跑去，先到终点并不掉纸者为胜。

13. 跳水

在地上画一个边长为 3 米的正方形，代表"跳水池"。参赛人数为 6 人，等分成两队，相对而站。比赛开始，双方一起摆臂唱儿歌："伏明霞，胆子大，扑通一声就跳下！"当念到最后一个"下"字时，就跳入池内。每次跳入的人数，各队可事先商量好。判别胜负的方法是：双方人数相等，无分；人数不等时，三人胜两人，得 3 分；两人胜一人，得 2 分；一人胜无人，得 1 分。接着再重复进行，在规定的局数里，积分多的队为胜。

14. 踢球

将蹦蹦球的环系在后腰的裤带上，当作米老鼠的尾巴，游戏开始，两人相对进入一个直径为 3 米的圆圈内，谁先用脚踢到对方的球即可得 1 分，先得 3 分者为胜。

15. 滑稽乒乓

故意将乒乓桌上的网加高至 40 厘米，并在各半桌上布置 10 只反扣的饭盒，每队 3 人同时上场，进行乒乓球比赛，先胜 6 球为胜。这种比赛即使是世界冠军也未必能取胜，它要靠机敏和运气，因为球随时会碰在饭盒上弹得不知去向。

学习再忙，不忘游戏，这样才是一个全面发展的小学生。

故事链接

周恩来小时候

鸡 叫三遍过后，周家花园里传出了阵阵琅琅的读书声："锄禾日当午，汗滴禾下土。谁知盘中餐，粒粒皆辛苦。"读着、读着，周恩来很快就把这首诗背得滚瓜烂熟了，但他总觉得没有透彻领会诗的意境：每一粒到底有多辛苦呢？

第二天，周恩来来到蒋妈妈家玩。吃饭的时候，他望着白花花的大米饭迫不及待地问道："蒋妈妈，这大米饭是怎么来的呢？"

蒋妈妈很喜欢周恩来好问的精神，就笑着告诉他："大米是稻子舂成的。稻子浑身有一层硬硬的黄壳。它的一生要经过浸种催芽、田间育秧、锄草、施肥管理、除病治虫、收割脱粒，一直到舂成大米。"

"啊，吃上这碗大米饭可真不容易啊！"周恩来惊讶地说。

"是呀，这十多道关，也不知道要累坏多少种田人呢，这香喷喷的大米饭是种田人用血汗浇灌出来的。"蒋妈妈深有感触地说。

蒋妈妈一番深刻的教诲，不仅加深了周恩来对诗意的理解，更激励他勤奋学习。为了过好习字关，他除了认真完成老师布置的作业外，还坚持每天练一百个大字。

有一天，周恩来随陈妈妈到一个路途较远的亲戚家，回来时已是深夜了。一路上风尘劳累，年幼的周恩来已筋疲力尽、哈欠连天，上下眼皮直打架，但他仍要坚持练完一百个大字再休息。陈妈妈见状，心疼不过，劝道："明天再写吧！"

"不，妈妈，当天的事当天了！"周恩来说服了陈妈妈，连忙把头埋在一盆凉水里，一下子把瞌睡虫赶跑了，头脑也清醒多了。

一百个字刚写完，陈妈妈一把夺过周恩来的笔说："这下子行了吧，快睡觉！"

"不！"周恩来仔细看完墨汁未干的一百个大字，皱着眉头认真地说："陈妈妈，你看这两个字写歪了。"

说着，周恩来白嫩的小手又挥起笔来，把那两个字又分别写了三遍，直到满意为止。

下　篇

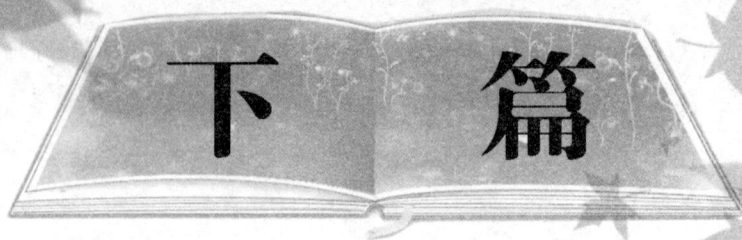

量体裁衣　因"科"制宜

第一章　快乐语文

语文不仅是小学课程的重中之重，同时也是最重要的交际工具，是一个人一生中都无法离开的工具。无论将来从事什么工作的人，都要使用语文这一工具生存。因此，学好语文，不仅能提高我们对语言文字的理解和运用能力、写作能力、口语交际能力，更能培养我们发现、探究和解决问题的能力，为继续学习和终身的发展打下坚实的基础。

博观约取，厚积薄发

在生活中，我们懂得"博观约取，厚积薄发"的道理，众所周知，语文水平并非短期内就能得到提高，靠的是长期的积累和广泛的接触，所以，积累在语文学习中非常重要。

顾炎武是明末清初首屈一指的大学问家。他生长在江苏昆山，据传说，他从小就如饥似渴地勤奋读书，没有多少年，昆山所能找到的书都被他读完了，至今还流传着"昆山无书"的美谈。

顾炎武的著作《日知录·自序》中说："自少读书，有所得，辄记之……积三十余年，乃成一编。"他不仅每天读书，而且遇到难题，一定弄懂、弄通；发现疑点，更是反复琢磨，直到完全清楚、明了为止。由于不知疲倦地勤奋学习，顾炎武十多岁时就把一部令人望而生畏的《资治通鉴》读完了，并且全部抄了一遍。他一生所读过的书，有好几万卷，可以装满一间屋子。

如果我们每天拿出几分钟去背古诗词，假以时日，一定会"满腹经纶"，这就是积少成多的道理。

语文知识本身包容着以文、史、哲为主的各科知识；语文学科，又是学习其他各个学科的工具学科、基础学科。谁都知道，其他学科的定义、概念的叙述和诠释，判断、结论的演绎和推理，都要依托语文来完成。没有语文这个工具和基础，任何学科都只不过是一盘散沙，无法站立起来。

语文无处不在，生活的各个领域都离不开它。学习语文应该学会注意周围，我们周围有很多书本上学不到的东西，而这些往往就在你经意与不经意之间。比如校园内张贴的一些名人名言、电视或广告牌上的广告词等，这些都可以主动去留意并形成积累，以备用时之需。

其实，很多名人也是通过厚积薄发、注重平时积累最终成就自己的。我国汉代著名的唯物主义思想家王充就是这样践行的。

王充是在非常清贫的情况下开始学习的。他的家里很穷，没有钱买书，于是，他就到洛阳的书店里去读书。读完一本就背一本，看完一个店里的书就到另一个店里去。他读的书非常多，只要当时存世的书，他几乎都一一读过。因此，在他的脑海里积累了丰富的知识。王充从34岁开始写《论衡》。为了能够专心致志地创作，他闭门谢客，拒绝一切应酬活动。在他的卧室里，到处放着刀笔和竹木简，一旦有好的想法，就及时地记录下来，直到临死前不久还在坚持这么做。因此，他为《论衡》这部书积累了不少的素材，才使得这部巨著得以顺利完成。

那么，我们应该怎样做到"厚积"呢？比汉字更大一点的语言单位是词，我们日常说话时多以词为基本单位，而很少是单个汉字，一个词汇量大的人往往口才和书面写作的水平都较高。因此，扩大词汇量对于我们来说很重要，也很有意义。同学们可以从以下几方面着手，扩大自己的词汇量，以此做到"厚积"。

1. 在课文中积累

我们所学的课文都是专家们精心挑选的，里面有许多规范、优秀的词语可供我们学习、积累。我们在学习一个单元后，可把所学的词语收集整理一下，挑选最好的分门别类地收入词语卡中。这样，复习课文和积累词语两不误。

2. 在课外阅读中积累

课外阅读为我们提供了更广阔的收集词语的天地，平时多读一些健康有益的书籍，包括经典的童话、故事、诗歌和优秀的作文集，以及报纸杂志等，边读边记录，把课外书中优美、动人、富于时代感的词语不断地记录下来，天长日久便可积少成多了。

3. 利用工具书积累

《成语词典》《新华字典》《现代汉语词典》《分类成语词典》等工具书是规范语词的专门集子，平时经常翻看，在写作和发言时自然可以"信手拈来"。

4. 从大众语言中积累

人们在日常生活中往往会有些新鲜、别致、富有创造性的口头语。这些语言是书本中难以觅到的。因此，多留心人们的言谈也是积累词语的一个好方法，将这样的语言应用于作文中，会使你的作文富于生活气息和创造性。

词语积累好了，我们还应该做到：读书学习的时候，要在书上及时写下自己的心得体会和疑问；在你认为重要的地方做自己特定的符号；读书之后要做笔记，记录或者摘录下对你来说最有用的东西；平时要随时记下自己的想法、信息等；最重要的是，你要努力使之成为一种习惯。

这里，首先需要端正一个认识，即语文成绩的提高有赖于语文素养的增强，是一个循序渐进、潜移默化的过程。语文学习内容的丰富性，学习时间的长久性决定它不能一蹴而就，所以不能急功近利，为应试求成绩，而应扎实语文基础，将其作为一项立身处世的本领努力学习下去。

勤读勤练，培养语感

语感能力的高低决定语文能力的高低。语文能力一般包括语言能力和篇章能力，前者是基础，而前者又以语感为核心，因为信息交流直接凭借的是语感，离开语感就谈不上信息交流，由此可见，语感是语文能力的核心。

在为以后学习奠定基础的小学阶段，培养我们的语感尤为重要。那么，培养语感有哪些途径呢？勤读勤练是最行之有效的办法。

阅读量大的人，语感一定不会差。

纵观现今不少学子，埋头题海，以解题来填充自己的求知岁月，却置阅读于脑后；不少家长也不鼓励子女阅读，只要看到孩子在做题就心安理得。诚然，把大量时间花在解题上，在测验、考试时也许能暂时取得纸面上的成绩，但解题获得的知识毕竟十分有限。由于不重视阅读，知识面必然狭窄，视野难以拓宽，积累自然贫乏。一旦题目稍作变更，理解就常发生偏差，要求举一反三，触类旁通，去感悟试题中蕴涵的一些共同规律，更是不可设想了。

阅读和写作是体现一个人语文能力的主要标志。大家在学习中要把握好这两点精髓。阅读是语文材料的主要来源，从小学开始，就应该对一些名家名作进行有计划的阅读，不断扩展知识面，培养自己的语感。还要涉猎当今报纸杂志和精妙时文，关心时事新闻。须知学语文仅有课本是远远不够的，要读社会、悟人生。其实有很多东西是无须讲解的，多读多看自能领悟、自能提高。

语文学习最重要的内容是读书。要学好语文，光读几册教材是远远不够的，必须要大量地阅读课外书籍，从书中获取丰富的精神养料。勤奋读书，必须做到珍惜时间，抓紧分分秒秒。欧阳修善于利用"三上"的时间读书，即"马上、枕上、厕上"；郑板桥则利用"舟中、马上、被底"的零星时间读书。古人勤奋读书的精神值得大家学习。

几十年来，毛主席一直很忙，可他总是挤出时间，哪怕是分分秒秒，也要用来看书学习。他的中南海故居，简直是书的天地，卧室的书架上、办公桌上、饭桌上、茶几上，到处都是书，床上除一个人躺卧的位置外，也全都被书"占领"了。

为了读书，毛主席把一切可以利用的时间都用上了。在游泳下水之前活动身体的几分钟里，有时还要看上几句名人的诗词。游泳上来后，顾不上休息，就又捧起了书本。连上厕所的几分钟时间，他也从不白白地浪费掉。一部《昭明文选》和其他一些书刊，就是利用这些时间，今天看一点，明天看一点，断断续续看完的。毛主席外出开会或视察工作，常常带一箱子书。途中列车震荡颠簸，他全然不顾，总是一手拿着放大镜，一手按着书页，阅读不辍。到了外地，同在北京一样，床上、办公桌上、茶几上、饭桌上都摆放着书，一有空闲就看起来。

毛主席晚年虽重病在身，仍不废阅读。他重读了解放前出版的从延安带到北京的一套精装《鲁迅全集》及其他许多书刊。有一次，毛主席发烧到39度多，医生不准他看书。他难过地说："我一辈子爱读书，现在你们不让我看书，叫我躺在这里，整天就是吃饭、睡觉，你们知道我是多么难受啊！"工作人员不得已，只好把拿走的书又放在他身边，他这才高兴地笑了。

正因为毛主席博览群书，才能够有那么高的文学造诣，如果同学们想学好语文，必须勤读书。当然，勤练也是必不可少的，记日记就是培养语感、学习语文的不错选择。

日记就是把自己一天的所言所行、所见所闻、所思所感有选择、有重点地记录下来。日记对积累写作材料、储存知识的作用也是显而易见的。日记不但形式十分灵活，可长可短、可叙可议，可描写、可抒情、可说明，而且内容也非常广泛，可以海阔天空，无所不谈。日记是写给自己看的，自己想什么就写什么，不必进行过多的加工。最初可能写得很简单。语言也不一定通畅，坚持写下去就会逐渐提高。写日记主要是为了练笔，练习对客观事物的表现力和对自己思想感情的表达能力。

文科状元孙田宇就是用写日记的方式训练自己的写作能力的。

平时看到某一事物，哪怕是一朵花、一棵草，或遇见或听说某一件事，哪怕是司空见惯、不足为奇，只要有所感触，他都会提笔写出自己的感受和观点。这样坚持下去，久而久之，他在写作文的时候思路也会来得很快，因为可以从平时的日记里获得很多素材，如果作文的灵感和日记契合上了，下笔就不会觉得费事，写得也会比较顺畅、比较流利。

长期这样记日记，对作文水平的提高会有很大帮助。写日记要注意把观察能力的训练和感受能力、思考能力的训练结合起来。日记写的往往是身边的琐事，但要注意从这些琐事中表达出自己的思想感受，反映出自己的观点、看法。许多好的日记就是把一些不引人注意的小事、琐事写得具体、生动，并能从中揭示出一定的道理而被人称颂的。

写日记一定要坚持写真事、说真话、抒真情，真正做到"我手写我心"。

　　良好学习习惯的养成要有坚强的毅力，要持久地有意识地培养。只要有决心，良好的习惯就一定能养成。这对人的一生将是一笔巨大的财富，终身享用不尽。

　　同学们，"冰冻三尺非一日之寒"，勤读勤练不是说说而已，要持之以恒地做下去。只要你们有信心、有决心，就一定能培养自己良好的语感，也一定能在语文学习的道路上大展宏图、自由奔跑。

朗读背诵，方法齐用

学习语文，朗读和背诵是最基本的方法。学校里一般也安排早自习让大家朗读和背诵文章，凡是认真做这项工作的人，他的语感一定不会差。

朗读不能是小和尚念经——有口无心，朗读要做到吐字清晰，音准气足，节奏停顿合理，要有抑扬顿挫的韵律美，准确地体现出作者的情感。朗读人物的对话，要力求模拟出人物的心情、口吻，使人物形象活生生地站立在听者面前。朗读诗歌要铿锵悦耳，语势错落有致，节奏抑扬回环，具有音乐美。通过朗读，文章的内容、情感，文句的优美，汉语的韵律，也都能体会出来了。

经常进行朗读有很多好处，它可以提高同学们对语言文字的理解能力，还可以提高语言表达能力。同时，由于通过朗读能接触到许多文学作品，因此同学们还能在美的享受中提高鉴赏能力和艺术修养。要想学好语文，就必须练好朗读的基本功。默读、浏览是学习语文的方法，但只是学习过程中的一种低级阶段，真正要达到高效率的语文学习必须要经过朗读。用个形象的说法就是，默读、浏览只是作者在说，你在听，仅此而已；而朗读则是你不但在听，而且你还在和作者进行说话、交流。只有把三者结合起来，你才能真正地把语文学好。

那么，应该怎样练习朗读呢？

1. 要大声

朗读是一门语言艺术，要求声音明亮清越，念得流畅。声音大，可以使我们的耳膜受到较强的刺激，再加上视觉的高度集中，就可以在大脑中留下深刻的印象。同时还可以培养清晰的口头表达能力。

2. 要读得准

朗读要用普通话，读音要标准，吐字要清晰、圆润。比如："我们俩"的俩（liǎ）和"两颗"的两（liǎng）不能读混。又如："冲在最前边"的冲（chōng）和"小丽冲我嚷"的冲（chòng）也不能读错。

3. 要读得自然、生动

朗读是一门语言艺术，要掌握和运用好音调的高低、音量的大小、声音的强弱、速度的快慢，有对比、有变化，使整个朗读过程如同听一首优美的歌曲。此外还得注意：语调的运用要自然，要符合作品内容的需要，切忌故作姿态。另外，还要处理好句子里的重音，通过对重音的把握，可以准确表达出作品的思想内容。

4. 要配合身体语言

眼睛是心灵之窗。同学们在朗读时，应注意眼神要配合语言，把丰富的、变化的感情传达给听众。缺乏经验的朗读者往往由于紧张，有的望天、看地；有的盯着一个地方说半天；有的眼神飘忽不定。而有经验的朗读者，眼神好像电视屏幕，似乎能把具体的形象一个接一个地展现出来。手势和眼神一起，可以配合语言传达意思、抒发情感。手势的运用要恰到好处，既不要僵板，也不要随意乱动。

朗读的这些方法可以助你一臂之力，而背诵也是有规律可循的，下面是一些好学生提供的背诵古诗文的窍门：

1. 想画面背

看了文章，人们的脑海中都会自然而然地出现一幅画面。如读曹操的《观沧海》，我们就仿佛看到：水波动荡的沧海中，小岛高耸；那株株树木，聚集而生；棵棵草儿，繁多茂盛；一阵疾风卷起，壮阔的白浪千层万叠……脑海中映现着这一画面，背的时候诗句也就从画面上"流"出来了。

再比如背诵李清照的《一剪梅》和苏轼的《念奴娇》时，可根据词的内容加上自己的想象绘成一幅图画后再开始背诵，即使画得不美，也能加深对词的意境的理解，使我们所读的古词在头脑中留下深刻的印象。

2. 按层次背

文章看上去是杂乱无章，毫无头绪的，然而一切文章都有它的层次，我们若是掌握了层次，背起来就容易得多了。比如陶渊明的《桃花源记》就按照武陵渔人进出桃花源的线索，分了一定的层次：渔人见到奇特的桃花林；渔人在桃花源内所见所闻；世人们寻桃花源的结果。记住了这个层次，背起来就"心中有底"得多了。

3. 先粗后细

开始背的时候，不妨粗略一些，把文章的骨架掌握住，然后再仔细认真地牢记每一行文字。在背诵文章中某一段落的时候，可以先抓住几个主词，然后再添加"血肉"。

4. 将古诗词与歌咏联系在一起

如岳飞的《满江红》、陆游的《钗头凤》、李煜的《虞美人》。可以将这些古词对应的歌曲尽力先学会唱，词自然也就记住了。除了这些已谱曲的古词外，还可常常运用其他歌曲的曲调填上古词中的文字来唱。如范仲淹的《渔家傲》，不妨将它唱成《我的祖国》的调，运用这种方法，也能够背出许多首词来。

5. 录音协助

录音机为我们的背诵也创造了条件。我们可以自己读课文，录下音来，然后利用零碎时间多遍播放，反复加深头脑中的印象，最后再边想边背，往往也会收到"事半功倍"的效果。

背诵的方法层出不穷，还需要你去发挥自己的聪明才智，主动地去寻找。

有了这 5 种背诵方法，相信你在学习中就能轻松省力得多。很多同学有背诵课文深感头痛的经历，那么背诵课文又有什么技巧呢？

1. 尝试回忆法

当你诵读课文到一定程度后，就可以合上书本试背。背完后立即与原文对照，这样能使自己在对比中发生兴趣，随着你背诵的正确率一次次提高，大脑皮层活动的积极性也会越来越高，从而提高记忆效果。

2. "多通道"法

背诵时不仅要心想、口读，还要手写。手写时，可以随心所欲地记下某些词语。也就是"眼到""口到""手到"，这样能使精神专注，特别是在学习劳累时，这种方法对帮助背诵很有效。

3. 整体重复法

这种方法就是一遍又一遍，从头到尾，反复背诵。这种方法适合于篇幅较短的课文。

4. 化整为零法

先通读课文，理解课文，再把课文分为几个段落来背诵，采取各个击破的方法，先分别背诵每一部分，最后连起来背诵整篇文章。这种方法适合于篇幅较长的课文。

将朗读和背诵结合起来，各路方法齐用，你还会为学习语文发愁吗？

抄抄写写，兢兢业业

中国自古就有"好记性不如烂笔头"的说法，认认真真地记课堂笔记，抄写重点内容，对学习成绩，尤其是语文成绩的提高是大有益处的。

人们都说宋朝著名文学家苏轼天赋好，能"过目成诵"。其实并非如此，而是另有其奥秘的。

一天，有位朋友去看他，等了好久，苏轼才出来会见。客人很不高兴。苏轼解释道："我正在抄《汉书》。"客人听了反而很不理解。凭苏轼的天赋和"过目成诵"的才能，还用得着抄书吗？苏轼说："我读《汉书》到现在已经抄了三遍了。第一遍每段抄三个字，第二遍每段抄两个字，现在只要抄一个字了。"客人半信半疑地挑了几个字一试，苏轼果然应声能背出有关段落，一字不差。苏轼的"过目成诵"原来是勤学苦练的结果啊。

苏轼不仅三抄《汉书》，其他如《史记》等几部数十万字的巨著，他也都是这样一遍又一遍地抄写的。苏轼称它为"愚钝之法"。

到了近代，这种方法依然适用。

语言大师侯宝林只上过三年小学，勤奋好学使他的艺术水平达到了炉火纯青的程度，成为有名的语言专家。有一次，他为了买到自己想要的一部明代笑话书《谑浪》，跑遍了北京城所有的旧书摊也未能如愿。后来，他得知北京图书馆有这部书，就决定把书抄回来。适值冬日，他顶着狂风，冒着大雪，一连十八天都跑到图书馆里去抄书，一部十多万字的书，终于被他抄录到手。

数学家王梓坤善用抄读法。他在上中学时，做完功课一有时间，便光顾图书馆。好书借了实在舍不得还，但买不到也买不起，他便下决心动手抄书。抄，他认为总还是抄得起的。他先后抄过林语堂写的《高级英文法》，抄过《英文大全》，还抄过《孙子兵法》，某本书爱不释手，则一口气抄两份。王梓坤认为，人们只知抄书之苦，未知抄书之益，抄完毫末俱见，一览无余，胜读十遍。

自古到今，不论什么年代，写文章都不是件容易的事。但有句老话说"熟读唐诗三百首，不会作诗也会吟"。抄写可以提高写作水平。

古代有这样一个笑话：一个北方人，来到南方，他向住在江边的人请教游泳的方法。住在江边的人便把自己游泳的体会讲给他听。北方人听完之后，很高兴，以为自己也可以在江水里游泳了，就扑通跳下水去，结果再也没有出来。那个住在江边的南方人，是经过长期的训练，才练就了一身游泳的好本领，北方人怎么能自以为听人家讲了一遍游泳方法就可以掌握水性呢？用宋朝文学家苏轼的说法就是，像这样的北方人，"未有不溺者也"。

我们当中也有一些人像这个学游泳的北方人一样，不注重勤奋练笔，总是要求老师多讲点写作方法，以为背会一些写作方法，作文就能一下子写好。俗话说："拳不离手，曲不离口。"只有多练才能"熟"，只有"熟"才能生巧，只有在反复的训练过程中，才能获得熟练的技能、技巧。写作文又何尝不是这个道理呢？如果认为只要把写作方法背下来了，就可以不费吹灰之力地写一手漂亮的文章，那是不可能的，因为你违反了写作规则和学习定律。

那么，怎样练笔呢？作为小学生，主要应该从以下几个方面去做：

首先要认真上好作文课。一个学期，一般要写十二三次大小作文。这是老师根据教学大纲的要求，从教材实际出发，制订的教学计划。

每一次作文课，老师都提出明确的要求，进行具体的指导，还要细致地批改评讲，通过作文课有计划、有目的地提高同学们的写作能力。因此，同学们要认真上好作文课，写好每一篇作文。写作文前，专心听老师辅导，根据作文的需要，准备材料，编写提纲；写完作文，要读几遍，推敲锤炼；作文发下来以后，根据老师的批语，认真修改，及时总结每一篇作文的经验教训。可以说，这是同学们提高写作能力的重要途径。

但是，一个学期写十二三次作文，不能算多。要真正提高写作水平，仅仅靠课内的作文，显然是不够的，这就需要大家积极开展课外的练笔活动。课外练笔，是写好作文的有效办法。其方法为：

第一，内容不限，可以写平常生活中的所见、所闻、所感。

第二，形式不拘，记叙文、议论文、说明文都可以写。

第三，篇幅长短自由，话多则长，话少则短。

第四，可以不受时间限制，见缝插针，有空就写，灵活机动。

这样的练笔，如能每周进行两三次，一个学期，便可写四五十篇，只要坚持下去，对提高写作有明显的作用。

此外，大家还要重视那些"不是作文的作文"。例如，各科作业中的问答题，不要满足于写几条干巴巴的要点，答对即可，如果时间允许，请尽量写成一篇有头有尾、层次清楚、中心明确的短文；对于平时学习、思想的总结，也不要寥寥数语，应付交差，最好是像写作文那样，编一个提纲，有了清晰的思路，再运笔行文；听完一个报告或演讲，也不要听完就了事，最好把记录整理成文，并工整地重抄一遍；即使是写信、写假条，也应该像写作文那样，写完之后，读几遍，认真修改一下。同学们如能这样一丝不苟地对待那些"不是作文的作文"，就又能获得很多练笔的机会。就以每周两三次计算，加上课内的作文，以及课外的练笔，一个学期可写大小作文一百多篇，这个数字是很可观的。

都说兴趣是最好的老师，练笔激发了学生的兴趣，调动了学生的积极性，所以，同学们一定要抓住每一个练笔的机会。只有认真地抄写、认真地练习，才能写出好作文，才会更系统地学好语文。

读书笔记，每天记记

俗话说得好，"不动笔墨不读书"。真正的读书要做到心到、口到、眼到、手到。将自己在读书时获得的资料或感受记下来，这就是做读书笔记。

古往今来，名人大都有一个好记性，但仍十分注重做读书笔记，并且有的笔记颇有风趣：

1. 蒲草笔记

汉代路温舒小时因家里穷而没钱读书。一次，在野外放牧时，他发现宽宽的蒲草可用来记字造句，于是便将蒲草采回家，边读书，边在蒲草上做笔记，读了一本，又抄一本，终于谙熟《春秋》经义，成为有名的法学家。

2. 树干笔记

东汉时的任末，外出求学时没钱住客店，便在树林里搭个小茅棚住，然后削荆条为笔，以树汁为墨水，读书做学问。因买不起纸张，便把书中的优美词句写在树干上，等有钱买到纸后再抄录下来，后人将此树林称为"经苑"。

3. 布袋笔记

宋代诗人梅尧臣，外出时总少不了带上一个小布袋，每当读到佳句妙语，就把它们写在纸片上，然后投入小布袋中。做学问时，便从小布袋中取出所记的纸条，或予以引用，或启发思维，终成一位出色的诗人。

4. 陶罐笔记

元末著名学者陶宗仪，避乱江华亭时，躬耕于田野，累了便坐在树下歇息、读书。每有所感，就取出随身带来的笔砚，在树叶上记下来，并将树叶笔记放入准备好的陶罐中，埋入树下。经过 10 余年的积累，竟有树叶笔记数陶罐。后经加工整理，终成颇有学术价值的《南村辍耕录》。

我们敬爱的毛主席也喜欢做读书笔记：

毛主席很忙，可他总是挤时间看书、学习。他反对那种只图快、不讲效果的读书方法。提倡认真地学、反复地读，不动笔墨不看书。毛主席每读一本书、一篇文章，都在重要的地方画上圈、杠、点等符号，在书眉和空白的地方写上批语。毛主席的读书兴趣很广泛，哲学、政治、经济、历史、文学、军事等社会科学以至自然科学书籍无所不读。

那么，读书笔记有哪些种类，我们又如何做读书笔记呢？

1. 符号式笔记

我们读书的时候，把书中重要的或者有疑问的地方，用各种符号（例如直线、曲线、括弧、三角、问号……）勾画出来，或在书的空白处写上批语，这种笔记，就是符号式笔记。

符号式笔记使读过的书上的重点问题、疑难问题一目了然，这就为提纲笔记、摘录笔记等其他形式的笔记做好了准备。

批语可以是对书中一段内容的概括，也可以是心得体会，或者是对书中某一个问题没有看懂所表示的疑问等。

做符号式笔记需要注意以下几点：

（1）所读的书必须是自己的。图书馆的或借别人的图书，不应该乱批、乱画。

（2）每一种符号所代表的意思，自己应该固定下来，不要随意改动。比如，用直线表示重要的内容，用字下点表示精彩的句子或优美的词汇，用"＊"表示应当特别注意的地方，用"?"表示尚未弄懂的问题等，以后看书，就都要按自己的这个规定去使用这些符号。

（3）符号不能用得过多。如果整页整页都围上圈，画上线，全都成了重点，就等于没有了重点，符号也就失去了它的意义。

（4）要清楚整齐。不要把书弄得很脏，涂画得连原文都看不清楚了。

2. 摘录式笔记

摘录式笔记就是把我们从书上、报上看到的一些精辟的、富有哲理的、对我们很有启发的内容抄写下来。这种方法看起来比较费事，其实是一种省时省力积累知识的好办法。摘抄可以加深理解和记忆，日后查找起来，面对茫茫的书海，你就能体会到做摘录笔记的优点了。

做摘录笔记时要注意以下几个问题：

（1）要有选择地抄录。把文中对我们最有用的、最有启发的内容抄下来，每条抄录笔记应当"少而精"。"少"指字数较少，"精"指把握内容要点。

（2）要忠实原文。书里有段话，我们觉得挺好，想把它抄下来。抄的时候，又觉得某个词用得别扭，干脆另换一个词代替，这样不行。既然是摘录，作者怎样写，我们就应怎样抄，不但词句不能改动，就连标点符号也不能改动。一段话中，前后和中间不需要摘录的文字，可以用省略号表示。

（3）要注明出处。每条材料都要注明是从哪本书里第几页抄录的，作者是谁。如果是在报纸、杂志上抄录的，就要把报纸、杂志的名称、日期写上。还要注明文章的标题和作者。这样便于以后使用时查对。

3. 剪贴式笔记

在自己订阅的报纸、杂志上看到好的文章或者其他有用的资料及时剪下来，经过整理就是剪贴式笔记。这种方法收集材料快，也很简便。

剪贴式笔记需要注意以下几点：

（1）做剪贴式笔记时要按不同的内容分类。可以准备几个用来贴剪知识的本子，或者把一个本子分成几个部分，把语文知识、历史知识、科学常识等内容分别贴进去。

（2）每一条剪贴的内容要注明出处、时间。即剪自哪一种杂志或报纸，哪一年哪一期等。

（3）短小的剪贴笔记也可以作为读书卡片的内容。

4. 感想式笔记

读完一本好书或一篇好的文章，将自己的感想和体会写出来，这种读书笔记就是感想式笔记，也叫读后感。

这种读书笔记重在训练同学们的理解和表达能力。也是我们小学生在写作时需要用到的。

写读书笔记的方法还不止这些。同学们可以根据自己读书的习惯去创新。假如我们把每一篇好文章比喻成一朵花，写读书笔记就好像在万花丛中采集花蜜。天长日久，我们会发现读书笔记对提高自己的阅读和写作能力有事半功倍的效果。

下面举一个说明寓言的摘录笔记的例子：

寓言是一个魔袋，袋子很小，却能从里面取出很多东西来，甚至能取出比袋子大得多的东西。

寓言是一个怪物，当它向你走过来的时候，分明是一个故事，生动活泼，而当它转身要走开的时候。却突然变成了一个哲理，严肃认真。

寓言是一把钥匙，用巧妙的比喻做成。这把钥匙可以打开心灵之门，启发智慧，让思想活跃。

有一位同学读了《詹天佑》后的感想是这样的：

读了《詹天佑》这篇文章，我的心久久不能平静。

詹天佑是一个有骨气的中国人。1905 年，他在清政府腐败无能的情况下，在帝国主义的嘲笑声中，毅然接受了修筑京张铁路的任务，这正是他爱国主义精神的表现，也是我学习的榜样。

詹天佑为了寻找一条合适的线路，晚上在油灯下绘图计算，和工人同吃同住，还常常请教当地的农民。他克服种种困难，使铁路提前两年竣工。想想自己，做数学习题的时候，常常害怕困难，抄袭同学的答案，比起詹天佑，我多惭愧呀！我决心以詹天佑为榜样，长大了也为祖国争光。

这篇短短的"读后感"，既要表达詹天佑的爱国主义精神是自己学习的榜样，又要叙述自己被詹天佑"不怕困难""刻苦学习"的精神所感动，其结果，文章内容显得分散、干巴巴，倒像是一份"决心书"。

由此可见，写读后感一定要选择自己感触最大和体会最深的一点来写，应突出重点，切忌面面俱到。当然，写的时候还要善于联想，要依照原文主要内容和精神实质，结合自己的思想和生活实际去写。

想要轻松愉快地学好语文，请同学们千万不要忘记：读书笔记，每天记记。

教你几招

巧记汉字法

中国的汉字，是出了名的难学、难记。要记那么多汉字不是一件容易事。那么，我们学习汉字，有什么好的方法呢？

1. 字谜法

有些笔画复杂、难记易错的字可编成形象生动，且有趣味的字谜。经常猜一些字谜，动脑编一些字谜，就可把字形记住；用时想起字谜，就不易写错。一些字谜常使我们百思不得其解，但一经老师或同学点拨和说破，就会永远不忘。如：

加一半，减一半。（喊）

一人牵着一只狗。（伏）

十一点进厂。（压）

两只狗，草底走。（获）

廿字头，口字中，北字两边分，四点下面蹲。（燕）

2. 歌诀法

把一些易错易混的字编成儿歌或顺口溜，读来朗朗上口，细想妙趣横生，便于记忆。

（1）单字歌诀。如：王二小，白胖胖，屁股坐在石头上。（碧）衣字上下分，果字中间蹲。（裹）

（2）易错字歌诀。如："中一贝"贵，"酉己"配，纸字无点才算对。

（3）易混字歌诀。如：己（jǐ）开已（yǐ）半巳（sì）封严，谁要写错惹麻烦。戊（wù）空戌（xū）横戍（shù）变点，撇横相交戎（róng）装换。

3．拆字法

把一些难记易错的合体字，分拆成几个部分，就可以化难为易了。如：赢——亡口月贝凡，德——双人十四一心，掰——手分手，罚——四言立刀。

4．加减法

有不少汉字形体相近，它们加一笔或者减一笔，就变成了另一个字，记住了这些加减变化，也就记住了这些字的细微差别，用时可避免混淆。如：免字加一点变成兔字（一点为兔尾巴）；幻字加一撇变成幼字；折字加一点变成拆字；鸟字减一点变成乌字（一点为鸟眼睛）；享字减一横变亨字；拢字减一撇变成扰字。

5．找规律法

一些字认起来容易，但写起来常常出错，写不规范，可以按字音和字形特点，找出一般性的规律，加以区别，用时就不易写错了。

（1）按字音找规律区别。如区别仓、仑做部件构成的字，可按下面读音规律来记忆：韵母是 ang，仓部构成。如枪、苍、创等。韵母是 un，仑部构成。如轮、抢、囵等。又如区别用令、今做部件构成的字，可按这样的规律来记忆：声母凡是小棍 l，令字一点不可掉。（如领、拎、零、玲等）。声母不是小棍 l，今字必定其中坐。（如念、琴、贪等）。

（2）按结构找规律区别。如由部件"彐"组成的字，中间一横出头不出头，可这样记忆：无笔穿过不出头（雪、灵、急、皱），有笔穿过冒出头（尹、唐、争、建）。

（3）按规范书写找规律区别。如：小字在上不带钩(尖、省、肖)。

小字在下钩不丢（京、尔、叔）。又如：一字不写两笔捺，一捺写点顶呱呱。（如从、秦、漆、癸等）。

需要指出，这些方法都只能是一些辅助方法，要真正掌握汉字，还是得多看、多写、多用。

字典名著学习法

同学们，你们知道"五个一"是指什么吗？一本字（词）典、一份报纸（杂志）、一部中外名著、一篇好文章、一个笔记本。它们都有什么用处呢？

1. 每人准备一本字典或词典

俗话说："字典是不说话的老师。"如果每个孩子都准备一本字典随时带在身边，那么就等于身边多了一位老师。这位不说话的老师随时教你拼音、识义、辨别字形。学会查字典，经常利用字典，对我们的语文学习会很有帮助的。

2. 订一种报纸或杂志

订一种报纸或杂志，对我们培养学习语文的兴趣大有益处。比如一些办得好的报刊大多有针对性，而且融知识性、趣味性于一炉，文章活泼而又风趣，信息量大，很受欢迎。试想，如果我们每个人都坚持订一种杂志或报纸，那么全班至少有 30 至 40 种报刊杂志在班上传阅，良好的课外阅读风气就会形成。

3. 每学期读一部中外文学名著

课外阅读有一个误区：男孩子喜欢看武侠小说；女孩子喜欢看言情小说。如果看一两本倒没有什么大的危害，多了则入迷，危害甚大。针对这一情况，我们应该每学期读一部中外名著。名著作为中外文化的精华，无论是内容还是其表现手法，都远远超出通俗小说。比如我国的《红楼梦》、《西游记》，外国的《堂·吉诃德》、《鲁滨孙漂流记》，其鲜明的人物形象、丰富的想象，令人过目难忘。

4. 每天读一篇好文章或一首小诗

知识面窄使许多孩子对作文产生一种厌恶感。古今中外，名篇佳作，举不胜举。只要有毅力、愿意读、坚持读，好文章或精美小诗尽可大量阅读。

只要肯读、会背，并持之以恒，写起文章来再也不会搜肠刮肚、愁眉不展了，取而代之的是兴味盎然、充满自信。

5. 准备一本课外笔记本

光看、光读还不够，还要多写、多记。再精彩的段落，再美妙的诗篇，天长日久，也会慢慢遗忘。为了使所学的知识较长久地留下来，应提倡除了课堂笔记本外，每人准备一本课外笔记本，专门记录在课外阅读的精妙格言、警句，有启发意义的段落、有韵味的小诗及自己的心得与体会。长期坚持会使我们受益匪浅。

看图作文法

看图作文可以培养我们的观察、分析和想象能力，也可以考查我们作文的审题、布局、谋篇的能力。

"看图作文"上失分最多的一般有：

1. 观察不仔细，分析不全面，导致审题偏颇或内容上挂此漏彼。

2. 眉毛胡子一把抓，重点不突出，结果面面俱到，详略失当。

3. 就画面行文，不能展开想象，使得文章缺乏深度或表达不出应有的含义。

怎样才能写好一篇看图作文呢？

1. 盯住画面细观察

看画面上是人物、景物还是动物；是单幅图还是多幅图。不仅要把握图的全貌而且要观察到每个部分的每一细节。审准题目，确定写什么和由哪入手。

2. 认真分析抓重点

根据观察的结果，深入分析、判断，确定文章的中心和重点。进一步考虑哪些地方详写，哪些地方略写或不写。

3. 展开想象巧构思

在观察分析的基础上，紧扣画面，充分利用自己生活、学习中的积累和体验，展开想象。把画面上的人、景、物的关系与人物的语言、行动、心理以及故事的前因后果构想出来。再通过具体、细致、生动的叙述和描写，把自己的意图表达清楚。

4. 完成初稿再回顾

初稿完成后，在时间许可的情况下，认真回过头来，把图和文结合起来看一看：一看对画面的观察、分析有无遗漏或失误；二看对人、景、物关系的判断和联想是否合理；三看重点是否突出，详略是否得当；四看叙述和描写是否恰如其分。在"四看"的基础上，进一步修改或增删。当然，可根据自己的平时做法和考试时间，边看边修改。

趣味链接

声母歌谣

右下半圆 bbb，
拉开天线听广播。
右上半圆 ppp，
端起脸盆把水泼。

两个门洞 mmm，
蒙上眼睛摸一摸。
一根拐杖 fff，
庙宇寺院有大佛。

马蹄印子 ddd，
伞把朝下 ttt，
一个门洞 nnn，
一根小棍 lll。

9 字加弯 ggg，
树上两只和平鸽。
水草蝌蚪 kkk，
河边柳树一棵棵。
一把椅子 hhh，

妹妹口渴把水喝。
竖弯加点 jjj,
院里有只大花鸡。
左上半圆 qqq,
少年儿童升国旗。
一个大叉 xxx,
要吃西瓜把手洗。

像个 2 字 zzz,
老鼠叫声吱吱吱。
半个圆圈 ccc,
轮胎漏气刺刺刺。
半个 8 字 sss,
春蚕吐丝咝咝咝。

z 加 h, zh zh zh,
c 加 h, ch ch ch,
s 加 h, sh sh sh,
小树发芽 rrr。

树枝树枝 yyy,
波浪波浪 www。

汉字笔画歌谣

横画既平又不平，左低右高稍上倾。

长短粗细有变化，注意笔画有重轻。

竖画挺直像立柱，垂露悬针要记住。

高低粗细常变化，短竖有时有斜度。

撇画由右向左行，起笔要顿收笔轻。

行笔要稳不草率，字中变化要看清。

捺画由左向右行，用笔由轻渐渐重。

写到捺角要顿笔，收笔轻提捺写成。

点画虽小常遇到，位置写法要看好。

写好点画字提神，画龙点睛收效高。

提画名称又叫挑，左低右高往上翘。

起笔要顿渐出锋，呼应方向很重要。

折画好比人的肩，横细竖粗紧相连。

横竖不断是一笔，折处顿笔要自然。

钩画常在字中见，行笔不急要稳健。

顿笔之后巧出钩，长短合适端要尖。

第二章　妙趣数学

在我们的日常生活中，处处都离不开数学，买东西要计算价钱，住房要知道面积，就连走路都要计算最短距离。可见，在我们的生活当中是绝对不能离开数学的。

小学的数学虽然都是一些基础知识。但正所谓"万丈高楼平地起"，只有打好了小学数学的基础，今后我们才能有办法学习更高深的科学技术，才能真正成为国家的栋梁之材。

数学习惯，举足轻重

不管学习什么科目，养成良好的学习习惯是取得好成绩的前提。小学生具有极强的可塑性，更应该重视培养自己良好的学习习惯。而要想学好数学，下面这 4 个习惯是你必须要养成的。

1. 质疑问难的习惯

从小学低年级开始，就要注意养成不懂就问的良好习惯。低年级同学往往比较大胆，敢于提问，到了中高年级，有的同学由于害羞、怕出错等心理上的原因，不敢提问。对此，关键是要使自己树立起学习的信心，以及敢于面对错误的勇气。要知道，错误也是你成长的机会，当你答题出现错误时，你的印象就会非常的深刻，经老师当着很多同学的面改正过来之后，正确的答案就会铭记于心。有的同学不敢提问，也不敢回答老师提出的问题，当然也就不会出现什么错误，但一天下来能学到什么呢？连自己都不知道，又怎么能够进步呢？

有的同学在学习过程中没有问题可提，好像什么都会，但考试时又错误百出，这实际上是没有学懂，而且是不会提问的表现。这就要经常有意识地训练自己，慢慢地就能从无疑到有疑，从不会提问到会提问。比如，在预习中阅读课本时，把有疑问的地方画出来，留待以后向老师请教或者与同学讨论，特别是对书上的新课叙述部分，要逐字逐句细看深究，哪怕对一个词产生疑问也要提出来。在听课的过程中，遇到不懂之处可以马上举手提问，也可以记在笔记本上，等下课后再问老师。而且，提问的对象并不仅限于老师，也可以是班里学习比较好的同学，大家一起讨论，更能加深对问题的理解。

2. 准确表达的习惯

数学是一门逻辑严密的学科，因此，要学好数学，一定要养成准确表达的习惯。

从口头表达来说，低年级的学生要严格要求自己运用学过的数学语言来叙述学习中碰到的图表的含义，复述题目的内容，说明计算过程，并在课堂上争取多回答问题，逐渐学会用数学语言完整、准确、清晰地表达自己的思想。高年级的学生则要能做到有根有据、有条有理地说明推理，分析数量关系，理由充分地与老师、同学讨论数学问题，并能随时纠正别人不正确、不严密的数学语言。

从书面表达来说，同学们一定要认真对待数学作业和考试，解题过程一定要每一步都具体、明确、准确、完整，每一步都要有根据，不要凭空猜测。另外，数学符号的书写要规范。

当然，这些好习惯的养成并非一日之功，一定要持之以恒才行。

3. 查错的习惯

对于小学生来说，养成查错的习惯十分重要。查错既能减少作业和考试中的错误，又能培养细心的品质。要养成查错的习惯可以从以下 3 个方面入手：

（1）在解题时，步步用概念查错。

解题过程中离不开概念，因此，弄清概念是查错的前提。例如：一种农药，药液与水的质量比是 1∶500。①5 千克药液要加水多少千克？②如果要配制 8000 千克药水，要用多少千克药液？

解这道题时，为了防止可能发生的计算错误，必须弄清"按比例分配"和"正比例"这两个概念的联系和区别。

（2）发现题目解错后，应重新回头审题。

第二次审题应重点审读题目中的已知量、关系句、重点词，边读边问自己，哪些量之间有什么关系，可以用来求出什么量，自己第一次错在哪儿等等。尤其要注意一些容易混淆的词句，如"增加了"和"增加到"，"多几倍"和"是几倍"，"比……多"和"比……少"，"比……的几倍多"和"比……的几倍少"等等。只有弄清已知条件，找准标准量，弄清倍数，才能建立正确的数量关系，从而列出算式，解出题目。

（3）对一些常见的错误进行判断和选择的训练。

经常进行这方面的思考，可以有效防止犯相同或类似的错误。例如：铺一块地，用边长为 0.3 米的方砖需要 576 块，如果改用边长为 0.4 米的方砖。需要多少块？

解法如下：设需要边长为 0.4 米的方砖 x 块，$0.4 \times x = 0.3 \times 576$，$x = 432$。此解法错误。因为在这块地的面积一定的情况下，应该是方砖的面积与方砖的块数成反比，而此解法误认为方砖的边长与方砖的块数成反比。正确的解法应该是：

解：设需要边长为 0.4 米的方砖 x 块。

$$0.4 \times 0.4 \times x = 0.3 \times 0.3 \times 576$$

$$x = 324$$

4. 重视不会做的题的习惯

好多学生会有这样的疑问：数学也没少做题，有些题还做了不止一次，怎么成绩还是提高不了呢？

"什么不会就做什么，什么会了就不做"，这真是简单得不能再简单的道理。你也许会说："这算什么经验？"先别忙着下结论。事实上，有很多同学就是忘记了这个简单的道理，什么不会就不做什么，什么会了却还做什么，浪费掉了宝贵的时光。

状元周鸿同学说，他个人认为，做十道重复的题目不如做一道不熟悉的题目。做一套卷子，做完后必须总结，从中发现问题。凡是属于自己做错了的题，决不能放过，否则就会一错再错，乱了阵脚。采取这样的态度，时间一长，就会感到要做的题其实不是很多。当你觉得没有什么题可做了，你复习得也差不多了。

既然说"什么不会就做什么"，那么，首先就要弄明白自己究竟什么地方不会，其次要弄清楚为此去"做什么"。

既然说"什么会了就不做"，那么，也一定要搞清楚自己是真会了，还是假会了；是百分之百会了，还是只会百分之五十。如果是真会了，那就不做；如果仅是假会，那就还得做。如果是百分之百会了，那就不用做；如果只会百分之五十，那就要弄明白，不会的那一半是什么，对于这一部分，还得继续练习。

概念在心，一往无前

我国著名数学家华罗庚曾说过："数学的学习过程，就是不断地建立各种数学概念的过程。"由此可见，学好数学概念是何等重要。数学中的法则都是建立在一系列概念的基础上的。事实证明，如果同学们有了正确、清晰、完整的数学概念，就会有助于掌握基础知识，提高运算和解题技能。相反，如果概念不清，就无法掌握定律、法则和公式。

小学数学中有很多概念，包括：数的概念、运算的概念、量与计量的概念、几何形体的概念、比和比例的概念、方程的概念，以及统计初步知识的有关概念等。这些概念是构成小学数学基础知识的重要内容，它们是互相联系着的。例如，一百以内整数的笔算加法法则为："相同数位对齐，从个位加起，个位满十，就向十位进一。"要理解掌握这个法则，必须先弄清"数位"、"个位"、"十位"、"个位满十"等的意义，否则就无法运用这一法则。

总之，小学数学是一门概念性很强的学科，也就是说，任何一部分内容的学习，都离不开概念的学习。但是概念的学习很抽象也很枯燥，学习中可以通过以下 4 种方法来增强学习效果。

1. 温故法

孔子说："温故而知新。"心理学家的研究也表明，概念的学习应该在已有的认知结构的基础上进行。因此，在学习新概念之前，应该对已经学过的概念进行复习，有条件的同学还应该在老师或父母的引导下对已学概念进行适当的引申，或者将相关的新旧概念进行类比，从而架起新、旧知识之间的桥梁。这样对新概念的学习是很有帮助的。

2. 联想法

学习新概念时，联想实际生活中的例子、趣事或典故，可以形象而深刻地理解概念。比如，学习正方体、长方体的概念时，我们可以联想到楼房、书本、柜子等形状相近的事物。这样，枯燥的概念变得生动、有趣，理解起来也就更加容易。

3. 习题法

在学习完新的概念之后，选择合适的题目进行练习，可以巩固知识，还可以进一步加深理解。所谓"合适的题目"包括直接测验概念的题目和那些需要进一步运用概念才能解答的题目。直接测验概念的题目能最直接地巩固所学概念，需要进一步运用概念才能解答的题目则更能提高综合理解运用的能力。

4. 作图法

这种方法主要适用于几何概念。学完几何概念之后，用直尺、三角板和圆规等作图工具画出已学过的图形，并将自己画出的图形与概念逐字、逐句对照，看看是否完全符合。如有不符之处，再根据概念改正过来。这样可以有效地理解新概念的本质属性。

除此之外，学习新概念的方法还有很多，但它们彼此并不是孤立的，就是同一个内容的学习方法也没有固定的模式，有时需要互相配合才能收到良好的效果。

数学记忆，不可或缺

看到这个题目，你一定会很惊讶！数学怎么和记忆联系到一起的呢？可能很多人都认为只有语文、英语才需要记忆，对于数学是不需要记忆的。其实不然，数学也是需要记忆的。

以下这些内容，就是你应该牢牢记住的。

1. 对公理、定理、定义要记忆

公理、定理、定义在数学中非常多，能否准确记忆这些公理和定理是能否顺利学习数学的关键。因此应采用课堂记忆、课堂提问、课堂测验、课后作业等多种方式反复进行强化记忆，使绝大部分同学对每个公理、定理、定义都能准确无误地叙述出来，为进一步学习打下坚实的基础。

2. 对如何应用公理、定理要记忆

准确记忆公理、定理是为了能应用这些公理、定理来解决实际问题，但不少学生对具体的数学问题常常不知从何入手。因此，对每个公理、定理应用的条件，怎样应用不妨一一列举出来，加以记忆，在思维中形成一个模式，即遇到什么样的问题应该怎样处理。

3. 对常用的数学方法要记忆

常用的数学方法的掌握是数学"双基"的一个重要内容，是我们必须掌握的一种技能。数学离不开方法，复习中，注意应把常用的数学方法，例如分析、综合、反证、配方、数形结合等，反复加以训练，在反复训练中达到记忆的目的。同时注意每隔一段时间，要再现这些重要的数学方法，以防止遗忘。

4. 对重要的习题要记忆

所谓重要的习题即是一个单元中紧扣教材重点和难点、具有一定数学方法的例题和习题。熟练掌握这类习题所涉及的知识点和解题方法，就能够控制这一类习题，就能够做到以不变应万变。因此这类习题一定要通过不断地再现以达到记住、记熟、会用的目的。

那么好学生有什么好的数学记忆法供大家参考呢？

1. 理解记忆法

记忆以理解为基础，只有理解了的东西才容易记住，才容易为人们所接受。反之，不理解或不太理解的东西，就不易记住，且往往容易出错。

例如，对于数学公式"正方形的周长＝4×边长，正方形的面积＝边长×边长"，有的同学是硬记，一项一项，将几项按顺序背下来。这是机械记忆，不仅费力气，而且容易混淆。如果采用理解的办法，知道正方形周长和面积的计算公式是怎样得出的，就不容易将其混淆。

2. 比较记忆法

比较记忆法就是在数学学习中，通过知识的内容、形式、特征的比较记忆知识的方法。这种方法以差异明显的特征植入人脑，加上丰富的内涵，使人印象深刻，往往能收到事半功倍的效果。

3. 口诀记忆法

数学中的某些概念、法则、定理和公式具有一定的规律，我们可以用通俗的语言编成口诀进行记忆。

4. 图像记忆法

直观形象是记忆的基础，可借助某些特定的图形、函数图像进行联想、记忆，这也是一种有效的记忆方法。

正如某特级教师所言，数学学得较差的学生，普遍是对数学知识认识能力差、保持能力差、回忆能力差、再认能力差。就是说，看了记不住，用时想不起，见了不认识。所以，抓住记忆这一环节，也许是提高数学成绩的一个捷径。

那么，怎样才能提高学生记忆数学知识的效果呢？下面介绍 10 种方法。

1. 归类记忆法

就是根据识记材料的性质、特征及其内在联系，进行归纳分类，以便帮助学生记忆。比如，学完计量单位后，可以把学过的所有内容归纳为 5 类：长度单位；面积单位；体积和容积单位；质量单位；时间单位。前 4 类包括公、市制和换算，第 5 类包括世纪、年、月、日、分、秒。这样归类，能够把纷繁复杂的事物系统化、条理化，易于记忆。

2. 谐音记忆法

这种记忆法即是利用某些识记材料的谐音来进行记忆，使学生印象深刻，不易遗忘。

3. 比较记忆法

有些数学知识之间是很容易混淆的，可以应用一些概念的对立关系，抓住概念中关键的地方进行比较，便可帮助学生区别和记忆。

4. 歌诀记忆法

就是把要记忆的数学知识编成歌谣、口诀或顺口溜，从而便于记忆。比如，识记分数乘、除法法则，就可编出这样的四句歌诀："分数相乘很分明，分子分母各相乘，分数除法不一样，除数颠倒再相乘。"采用这种方法来记忆，学生不仅容易记，而且记得牢。

5. 理解记忆法

理解是一种有效的、最基本的记忆方法，丰富的数学知识，靠死记硬背是很容易忘记的，只有深刻理解了才能记牢。因此，对概念和性质的概括、法则的得出、公式的推导等过程都必须一清二楚。比如，各种面积公式，其中长方形面积公式是最基本的，其他图形的面积公式都可以从长方形的面积公式中推导出来。学生理解了推导的过程和关系，就容易记住各种图形的面积公式了。

6. 规律记忆法

即根据事物的内在联系，找出规律性的东西来进行记忆。规律记忆，需要学生开动脑筋对所学的有关材料进行加工和组织，因而记忆牢固。

7. 列表记忆法

就是把某些容易混淆的识记材料列成表格，达到记忆的目的。这种方法具有明显性、直观性和对比性。

8. 重点记忆法

随着年龄的增长，所学的数学知识也越来越多，学生要想全面记住，并非易事。因此，要学会记忆重点内容，学生在记住了重点内容的基础上，再通过推导、联想等方法便可记住其他内容了。比如，学习常见的数量关系：工作效率×工作时间＝工作量；工作量÷工作效率＝工作时间；工作量÷工作时间＝工作效率。这三者的数量关系中只要记住了第一个数量关系，后面两个数量关系就可根据乘法和除法的关系推导出来。这样去记，减轻了我们记忆的负担，提高了记忆的效率。

9. 联想记忆法

就是通过一件熟悉的事物想到与它有联系的另一件事物来进行记忆。比如，从整数加、减法的法则联想到小数加、减法的法则，由加法交换律、结合律联想到乘法的交换律、结合律和分配律。联想可以打开学生记忆的闸门，是一种行之有效的记忆方法。

10. 实践记忆法

就是通过学生动手动脑、实验操作，得出结论来进行记忆。比如，学习了有关面积、体积的知识后，可让学生自己动手去量一块地，算算亩产量；学习了统计图表的知识后，可让学生画一张自己所在班级学生的身高、体重等情况的统计表或统计图。学生通过亲自实践来验证，就会得到久而不忘的效果。

逆向思维，不怕应用

生活中，"一条路跑到黑"的人经常一头雾水地做事情，但是懂得逆向思维的人却处处受益。

有两个人一起出差，其中一个人逛街时看到大街上有一老妇在卖一只黑色的铁猫。这只铁猫的眼睛很漂亮，经仔细观察，他发现铁猫的眼睛是宝石做成的。于是他不动声色地对老妇说："能不能只卖一双眼珠。"老妇起初不同意，但他愿意花买整只铁猫的价格。老妇便把猫眼珠取出来卖给了他。

他回到旅馆，欣喜若狂地对同伴们说，我捡了一个大便宜。用了很少的钱买了两颗宝石。同伴问了前因后果，问他那个卖铁猫的老妇还在不在？他说那个老妇正等着有人买她的那只少了眼珠的铁猫。

同伴便取了钱寻找那个老妇去了，一会儿，他把铁猫抱了回来。他分析这只铁猫肯定价值不菲。于是用锤子往铁猫身上敲，铁屑掉落后发现铁猫的内质竟然是用黄金铸成的。

买走铁猫眼珠的人是按正常思维走的，铁猫的眼珠很值钱，取走便是。但同伴却通过逆向思维断定：既然猫的眼睛是宝石做的，那么它的身体肯定不会是铁的。正是这种逆向思维使同伴摒弃了铁猫的表象，发现了铁猫的黄金内质。

在解答数学应用题时，我们不妨也试试逆向思维。

同学们都玩过"迷宫"的游戏吧？当你在纵横交错的道路中找不到出口时，你会怎么办呢？有些聪明的同学常常会反其道而行之。从出口倒回去找入口，然后再沿着自己走过的路返回来。由于从出口返回时，途径单一。很快就会找到入口，然后再由原路退回，走出"迷宫"自然就不难了。解应用题也是这样，有些应用题用顺向推理的方法很难解答，如果从问题的结果出发，从后往前逐步推理，问题就很容易得到解决。这就是逆向思维法，即首先确定你要达到的目标，然后从目标倒过来往回想，直至你现在所处的位置。弄清楚一路上要跨越哪些关口或障碍、是谁把守着这些关口。由于这种思维方法不同于常规，因此往往能出奇制胜，取得意想不到的效果。把这种思维方法用在小学数学应用题的解答中主要有两种：一是逆向分析法，二是逆向推导法。

1. 逆向分析法

逆向分析法就是从求解的问题入手，正确选择所需要的两个条件。如果解题所需要的两个条件（或其中的一个条件）是未知的，就要分别求解找出这两个（或一个）条件，然后依次推导，逐层分析清楚要解决这个问题需要哪些条件，一直到所需要的条件都是已知的为止。这条分析链中的最后一步就是解题的第一步，然后，由此逐步返回，最后列出正确的算式，解决问题。逆向分析法尤其适用于解答数量关系比较复杂的应用题。

例如：某加工组生产一批零件，原计划每天生产 2000 个零件，10 天就可完成，实际每天加工 2500 个零件。实际比原计划提前多少天完成了这批生产任务？

这道题的分析思路如下图所示：

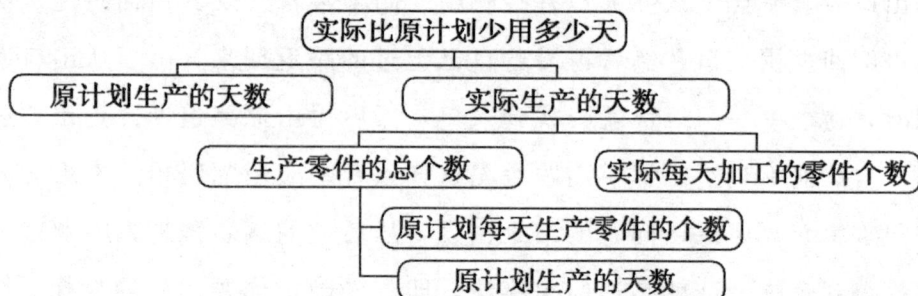

```
            ┌─────────────────────────┐
            │   实际比原计划少用多少天    │
            └─────────────────────────┘
        ┌──────────────┴──────────────┐
┌───────────────────┐      ┌───────────────────┐
│   原计划生产的天数    │      │    实际生产的天数     │
└───────────────────┘      └───────────────────┘
                    ┌──────────────┴──────────────┐
          ┌───────────────────┐      ┌───────────────────────────┐
          │  生产零件的总个数    │      │   实际每天加工的零件个数      │
          └───────────────────┘      └───────────────────────────┘
          ┌───────────────────────────┐
          │   原计划每天生产零件的个数     │
          └───────────────────────────┘
              ┌───────────────────┐
              │   原计划生产的天数    │
              └───────────────────┘
```

要知道"实际比原计划少用多少天"，就必须用"原计划生产的天数"减去"实际生产的天数"。"原计划生产的天数"题目中已知，"实际生产的天数"未知，要求出"实际生产的天数"，就必须要知道"生产零件的总个数"和"实际每天加工的零件个数"两个条件，因为"生产零件的总个数"÷"实际每天加工的零件个数"＝"实际生产的天数"。"实际每天加工的零件个数"这个条件题目已经告诉了我们，而"生产零件的总个数"未知。进一步推导，"生产零件的总个数"＝"原计划每天生产零件的个数"×"原计划生产的天数"，这两个条件都在题目中出现了，因此，求"生产零件的总个数"就是我们解题的第一步。可列出算式：$2000 \times 10 = 20000$（个）。第二步就可以算出"实际生产的天数"。列出算式如下：$20000 \div 2500 = 8$（天）。第三步就可以求出"实际比原计划少用多少天"，算式为：$10 - 8 = 2$（天）。综合列式为：$10 - 2000 \times 10 \div 2500 = 2$（天）。因此，实际比原计划提前2天完成了这批生产任务。

2. 逆向推导法

当应用题的已知条件是原数经过若干次变化的结果时，其解法与前面讲的方法就不一样了。解这类应用题，首先得搞清楚原数经过几次变化以及经过了怎样的变化，同时还要知道变化的结果是多少，然后才能以结果为线索，照原题的相反意思还原。这里讲的"相反意思"是什么呢？原数的变化如果是"输入"，那么，还原的结果就是"输出"。原数的运算是加法或乘法，那么，还原的运算就是减法或除法。由结果逆推，得到原数的解题方法，就是逆向推导法，或称"还原法"。

例如：某商场上午卖出电视机 30 台，中午从厂家运来 50 台，下午又卖出 15 台。现在，商场里还有 72 台电视机。问商场原来有电视机多少台？

解析：本题中，"商场原有电视机台数"是原数。该原数根据题意，经过了三次变化。第一次变化是"上午卖出电视机 30 台"；第二次变化是"中午从厂家运来 50 台"；第三次变化是"下午又卖出 15 台"。原数是经过这三次变化，才成为"72 台"的。

如下图所示：

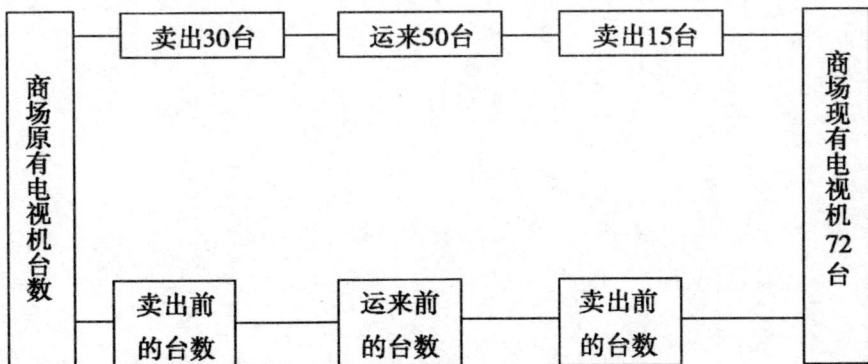

从上图可以清楚地看出逆推法的过程：

第一步：商场现有电视机72台，那么，在卖出15台以前，应有电视机多少台呢？可用加法计算，得：$72+15=87$（台）。

再逆推第二步：在运来50台之前，商场里的电视机有多少台呢？用减法计算，得：$87-50=37$（台）。由此可知，在运来50台之前，商场里的电视机有37台。但问题并没有得到最后解决，因为商场上午还卖出电视机30台，所以还要逆推一步。

逆推第三步：商场上午卖出30台之前，有电视机多少台？这就是商场原有电视机的台数。用加法计算得：$37+30=67$（台）。

综合算式为：$72+15-50+30=67$（台）。

对于同学们来说，学会了逆向思维法，不仅能学会解题方法，而且对培养逆向思维推理能力也有着积极的意义。值得注意的是，刚开始学习用逆向思维法解应用题时，一定要画思路图，当对逆向思维法的解题方法已经很熟悉时，可不用再画思路图，直接分析、解答应用题就可以了。

举一反三，做好做透

学习数学，最重要的是在学习中得到知识并获得思考的方式。

在数学学习上，教材是根本，学习时一定要注意深入挖掘课本习题的功能，充分发挥其作用。解题时不要就题论题，不要题目解完了思路也就断了，而应该把思路延伸下去，从习题的各方面进行类比、联想、推广。

可是，有的同学想数学课本就那么几道题，有什么可琢磨的呢？

一位老师认为至少可以从以下几个角度去琢磨书上的例题及习题：

1. 课前轻松读例题

上课之前要认真预习将要学习的内容，对其中的例题要逐字、逐句读，力求在头脑中留下印象。碰上简单易懂的内容可以一带而过，遇到复杂难懂弄不明白的地方也不要着急，用笔做好标记，留待上课时解决。千万不要碰上困难就停止阅读或在难点上反复思考、斟酌、推敲，搞得头昏脑涨也理不清楚。要学会适时放下问题轻装前进，否则在浪费时间的同时徒增畏难情绪，还可能为以后的学习设置心理障碍。这又要注意以下几点：

首先，抓住课本上的方法后，注意一法多用。

其次，琢磨书上的例题是否能一题多变。

把课本上的题目进行变通，既能激发探索兴趣，又能提高求同思维和求异思维的能力，从中尝到创造脑力劳动成果的无穷乐趣。

再次，琢磨书上例题是否能一题多解。除了可以对课本上一些比较重要的习题或综合性较强的题目采用一题多解外，还可对一些看上去平淡无奇的习题也作一定的努力，看是否能有别的解法。

2. 课堂认真抠例题

人的注意力不可能长时间高度集中，老师在课堂上所讲的内容对不同的同学来说难易也不同。上课时我们必须有张有弛，"劳""逸"结合（"劳"即注意力高度集中，"逸"即注意力相对集中），把握住老师讲课的节奏。简单易懂的可以轻松跃过（必要时也可精神溜号，思考某个问题或者记忆本节课要求掌握的定理、公式），主要精力要放在你预习时所标注的难点上。讲到重难点时，老师往往会加重语气、放慢语速、适时重复，我们可以抓住老师如何讲课的特征，及时"聚焦"注意力，一个字也不错过，看老师分析、比较、归纳、综合以及如何联系以前学过的知识，如何融会贯通、举一反三。画龙点睛之处要打起十二分的精神，比如容易出错的地方、正负号的运用等。认真抠例题才能真正理清例题的解题思路，掌握重点、把握难点，为解题能力的提高奠定基础。

3. 课后分析看例题

课堂上例题弄懂了，并不说明你具备了解题能力和知识迁移的能力。课后还需要从一个新的角度重新审视、分析例题。由于新知识的掌握、知识面的扩展以及老师的引导、点拨，再看例题时就对难点有了不同的认识，进入了更高的层次。对题中基础知识的运用，分析、推理方法的选择都会有更深的理解。

4. 作业推理识例题

做练习是运用知识解决问题以及提高能力最重要、最有效的方法，也是学好数学的关键。做作业时首先要识别题型（即这道题属于本章节所讲例题的哪一类型）；其次要回忆书上是如何解题的；再次分析有几种解题方法；最后明确哪一种方法最简便。需要特别指出的是，在识别题型时还要仔细回忆具体的解题步骤，如果识记不清或对以前学过的例题产生了遗忘，要不惜时间去翻阅、分析、记忆。通过做练习，综合所学知识，分析所见过的题型，牢记解题步骤、方法。

5. 考试综合串例题

考前复习要归纳压缩知识，把书读薄。要做到这一点，除了大家常用的"知识串串法"外，"例题串串法"也是学习数学必不可少的有效手段。所谓"例题串串法"，就是要弄清全书有几章，每章有几节，每节有几道例题（其实每道例题就是一种题型），每种题型是如何解答的，对全书例题做到心中有数后，就进入了最后一道工序：抄例题、解例题。在作业本上工工整整地抄下每一道例题，熟悉题型。合上书本（千万不可先看解法再解题），按书上的解题步骤、解题方法认真解题（决不能马虎或删减、省略）。解答完毕后再翻开书本参照例题一一对照，看解题方法、步骤是否与书中一致，如有不同，分析原因，寻找存在的知识盲点和这样做的利、弊，最后订正并记忆。如果针对例题的闭卷考试答案与书中（方法、步骤）完全相同，那你一定能轻松地完成书上所有的练习题而且不会丢步骤分。这就充分说明你不仅掌握了全书的内容，而且解题过程规范。

在学习过程中，我们必须做到举一反三，做好习题之后再想想，这样才能提高准确率。

许多同学在做完数学题之后，往往只是检查一下得数对不对、单位名称写上了没有等问题。而小华却不只是这样，他做完数学题之后，总是要提出一些额外的问题来。比如，有一次，老师布置了这样一道数学题：一个长 6 分米，宽 3 分米，高 5 分米的鱼缸，缸里水深 3 分米，缸里的水有多少立方分米？根据题意，小华很快地列出算式：$6 \times 3 \times 3 = 54$（立方分米）。解完题之后，小华并不是把题目扔在一边就万事大吉了，而是提出了下面的问题：为什么"高 5 分米"这个条件没用上？如果要把题中的条件都用上，问题应该怎么改？这样的问题就提得很有思考性。

经过思考他做出了下面的回答：

第一，因为这道题问的是水的体积，只需知道水在这个容器里的长（6分米）、宽（3分米）、深（3分米）就可以了，鱼缸的高与求水的体积无关，当然鱼缸"高5分米"这个条件就用不上了。

第二，如果条件不变问题变，而且要把题中的条件都用上，那么，问题就要改成"鱼缸里还能盛多少水？"由此，列出的算式应该是：$6 \times 3 \times (5-3) = 36$（立方分米）。

第三，如果问题不变条件变，而且要把题中的条件都用上，那么，这道题可以这样改："一个长6分米，宽3分米，高5分米的鱼缸，缸里水面距离缸口2分米，缸里的水有多少立方分米？"这样就把原题中"缸里水深3分米"的直接条件变为间接条件，可根据"高5分米的鱼缸，缸里水面距离缸口2分米"推知，水深为3分米。由此列出算式：$6 \times 3 \times (5-2) = 54$（立方分米）。

看，这样的自问自答，不是给自己创造了一个思维训练的机会吗？小华就是因为有这样的好习惯，他的数学成绩在班里总是第一名。你试试，也一定能做到。

教你几招

应用图解法

$\overset{\displaystyle 应}{}$ 用题是从实际生活中提炼出来的，是用语言、文字表达的，具有较大的抽象性。如能把抽象性的应用题形象化，一定会对我们学习应用题有很大的帮助。

例如有这样一道应用题："白糖、红糖共 168 千克，已知白糖的 $\frac{1}{4}$ 等于红糖的 $\frac{1}{3}$，白糖、红糖各有多少千克？"如果我们仅采用分析法或综合法来分析这道应用题的数量关系是有较大难度的，但是如果学生能抓住题中的第二个条件，通过再造想象，并作出如下示意图就容易得多了。

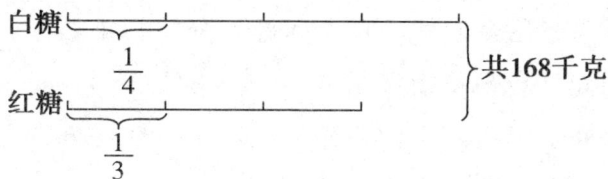

即先画 4 份白糖，再以白糖的 $\frac{1}{4}$ 为标准，画一条线段就是红糖的 $\frac{1}{3}$，再把红糖的线段延长 2 份。从图中可以清楚地看出，以白糖的 $\frac{1}{4}$（也就是红糖的 $\frac{1}{3}$）为一份，白糖、红糖共有 7 份。从而可以简便地列

出算式：

白糖：168÷（4＋3）×4＝96（千克）

红糖：168÷（4＋3）×3＝72（千克）

可见，在分析解答应用题的过程中，进行合理、有效的再造想象，积极地渗透形象思维，可有效地提高学生的解题水平。苏联教育家苏霍姆林斯基曾说过"把应用题画出来"，也正是肯定了形象思维在解答应用题中的重要地位。这一方法有以下 3 个具体步骤。

1. 读题想物

实践证明，我们解不出题目，主要的困难在于对题意理解不清，抽象的文字叙述尤其是解题的"拦路虎"。因此要理解应用题中的数量关系，应边读题边展开积极、合理的再造想象，把应用题"翻译"成一幅幅生动的图画，形成问题情境的表象，为分析题目的数量关系打下基础。为此需要做以下工作：

（1）引导入静：我们在解答应用题时常有"急于求成"的心理，往往对题目看了几眼，粗粗了解题意，就匆匆下笔。要常告诉自己不可急于解题，摒弃杂念，集中注意，仔细审题。

（2）指导读题：培养掌握"一找、二抓、三析"式的读题方法。一找：找出题中有几个条件，几个问题，分别写上数字。二抓：抓住题中重点的词句，容易忽视混淆的字词，标上记号。三析：联系题中已知的条件，分析得出隐含的条件，推导出一些中间问题。把相应的条件在旁边写出来。真正做到"不动笔墨不读题"。

（3）启发想象：在认真读题的基础上，启发我们就问题情境展开合理的再造想象。

2. 整理简化

在我们"读题想物"阶段所想象得到的是一些零乱、琐碎的，含有许多无用信息的客观事物的表象，要想有效地分析题中的数量关系，就要找到问题的关键并进一步整理简化。例如："小清集邮，他有动物邮票 18 张，比人物邮票多 5 张，风景邮票比动物邮票少 4 张。他有人物邮票多少张？风景邮票多少张？一共有邮票多少张？"这道题数据比较多，问题又有好几个，在进行充分的想象之后，用简要的文字，把想象的结果整理出来：

动物：18。

人物：动物（18）比人物多 5，也就是人物比动物（18）少 5——？

风景：比动物（18）少 4——？

在整理的过程中，用简要的文字表述题中的条件，并把一些想象得出的隐含条件及一些中间问题的算式随后写出来。

3. 外观表象

为了便于分析数量关系，把想象的结果通过演示、图示等方式表现出来，同时也是检查自己想象能力的关键一步。把应用题"画"出来，也就是重视再造想象这种形象思维在应用题解题中的重要作用。

章节复习"转化"法

一般进行章节复习时，总是按照课本顺序把学过的知识，如数学概念、法则、公式和性质等原本地复述一遍。这样做，让人感到乏味又不便记忆，难以理顺知识头绪。针对这个问题，可以先对章节的知识归类编码：首先列出所有需要复习的主要知识点，然后进行归类排队，最后用数字编号。这样做能使我们懂得本章节所学的知识要点是什么。

例如："数的整除"的复习，经细心推敲分析，把本章节主要知识编码为"1、2、3、4、5"，即把本章节知识浓缩为这 5 个数字，实现了知识由厚向薄的转化。接着，将这 5 个数字具体化为下面的提纲，把知识又由薄向厚转化。

1——一个基础。整数概念是学习"数的整除"的基础，即数 a 除以数 b，除得的商正好是整数而没有余数，数 a 就能被数 b 整除。

2——两个判定。判定质数与合数的标准，判定互质数的标准。

3——三个特征。能被 2、3、5 整除的数的特征。

4——四个异同。第一个：质数与合数，奇数与偶数。质数与合数是把自然数按照它所含有因数的个数划分的，奇数与偶数是把自然数按照它能否被 2 整除划分的。并非所有的奇数都是质数，也并非所有的偶数都是合数。例如，奇数 15 不是质数，而是合数；偶数 2 不是合数，而是质数。第二个：因数与质因数。因数与质因数都是与积联系着的。在乘法里，积的因数可能是质数，如 $21=3\times7$；也可能是合数，如 $36=4\times9$。而在分解质因数时要注意，只有因数本身是质因数的才叫做分解的合数的质因数。如 $12=3\times4$，3 与 4 都是因数；3 是质数，它是 12 的质因数，4 不是质数，它不是 12 的质因数。第三个：质数与互质数。质数是指一个数，它只有两个约数：1 和它本身。互质数是指两个数的关系：它们有公因数，且只有一个公因数，这个公因数就是 1。互质的两个数，并非限定它们自身必须是质数，如 4 和 9 是互质数，但它们自身都是合数。第四个：分解质因数与求几个数的最大公因数和最小公倍数。把一个合数分解质因数，要把各个除数和最后的商写成连乘的形式，即合数＝质数×质数×…×质数；求几个数的最大公因数，只要把所有的除数连乘起来；求几个数的最小公倍数，要把所有的除数和最后一排的商连乘起来。

5——五种方法。掌握找一个数的因数和倍数的方法；把一个合数分解质因数的方法；求几个数的最大公因数和最小公倍数的方法。

这样转化，定能收到良好的复习效果。

趣味链接

数学天才

1. 蜜蜂蜂房是严格的六角柱状体，它的一端是平整的六角形开口，另一端是封闭的六角菱锥形的底，由三个相同的菱形组成。组成底盘的菱形的钝角为 109 度 28 分，所有的锐角为 70 度 32 分，这样既坚固又省料。蜂房的巢壁厚 0.073 毫米，误差极小。

2. 丹顶鹤总是成群结队迁飞，而且排成"人"字形。"人"字形的角度是 110 度。更精确地计算还表明"人"字形夹角的一半——即每边与鹤群前进方向的夹角为 54 度 44 分 8 秒！而金刚石结晶体的角度正好也是 54 度 44 分 8 秒！是巧合还是某种大自然的"默契"？

3. 蜘蛛结的"八卦"形网，是既复杂又美丽的八角形几何图案，人们即使用直尺和圆规也很难画出像蜘蛛网那样匀称的图案。

4. 冬天，猫睡觉时总是把身体抱成一个球形，这其间也有数学，因为球形使身体的表面积最小，从而散发的热量也最少。

5. 真正的数学"天才"是珊瑚虫。珊瑚虫在自己的身上记下"日历"，它们每年在自己的体壁上"刻画"出 365 条斑纹，显然是一天"画"一条。奇怪的是，古生物学家发现 3 亿 5 千万年前的珊瑚虫每年"画"出 400 幅"水彩画"。天文学家告诉我们，当时地球一天仅 21.9 小时，一年不是 365 天，而是 400 天。

第三章　广博英语

英语是一门非常重要的学科。

今天，随着中国与世界交流的逐步深入，英语在我们的学习、工作与生活中起着越来越重要的作用。在我国，语文、数学和英语并列为三大基础学科，是各年级、各阶段升学考试的必考科目。所以，我们一定要将英语学好，尤其一定要在小学阶段把英语的基础打好。

英语基础，不能忽视

对于初学外语的学生来说，狠练基本功是非常重要的。听、说、读、写都不可偏废。如果在打基础阶段就形成了对于外语的错误概念，以后要想纠正就会很困难了，尤其是口语、听力方面。相信很多人都有这种体会，如果一开始把某个单词的发音弄错了，这一错误的概念往往会始终纠缠着你。

在英语中，音标是非常重要的。音标可以放弃吗？当然不可以！绝对不可以！因为要想学好英语，正确的发音是基础，而音标恰恰是发音的基础。我们有时学习了很长时间的英语，却始终没法开口，就是因为发音不正确，从一开始就没有把音标的基础打好。

音标是记录音素的标写符号，它是研究语音和记录语音必不可少的工具。根据使用范围的不同，可把音标分为两种，一种是适用于某一种语言的。如汉语拼音只适用于汉语，俄语的斯拉夫音标适用于俄语，英语的韦氏音标适用于英语；一种是世界通用的，可以用来记录人类所有语言的语音系统，比如国际音标，就可以记录、描写世界上所有的语言，我们现在学习的英语音标就是国际音标。

作为小学生，学了一年英语之后，最好就开始学习音标，这样对于提高口语和听力很有帮助。如果不学音标，一味跟着老师认读，单词的学习也会变成死记硬背，并且影响自学能力。因而只有学音标，充分利用音标的规律性，从小培养准确的发音，才能为中学继续学习打好基础。

学习音标，首先要破除它的神秘感，同汉语拼音一样，音标不过是一套记音符号。汉语拼音有声母和韵母，而音标有辅音和元音。同学们可以把汉语拼音和国际音标对照排列起来学习，看看它们相同的地方和不同的地方，这样便于掌握。比如声母和辅音，国际音标同汉语拼音有差异也有些相似，汉语拼音有 22 个声母，只有 f、m、n、l、s 5 个与辅音音标书写相同，其余 17 个都不同。有些差别很大，有些只是附加符号的差别，归结起来是同音不同形，同形不同音。

掌握英语的音标，对于较难的音标可以用相近汉字的发音代替，然后像汉语拼音那样学会拼读，最后慢慢地根据音标正确读出单词的发音。在练习音标的同时，可以先掌握一些较短的句子，例如口语要素，然后再根据不同的语言环境用不同的简短的句子进行训练。如果有条件的话，可以看一些有趣而简单的少儿英语节目，营造良好的学习环境。

音标基础打牢了，还要注意语音和语调。发音、语调、重音和停顿等，虽然不要求做到完美，但应尽量做到基本正确。否则，就会影响到今后听力和口语的学习，致使学习英语失去了本来的意义。为此，我们应该做到多模仿、多朗读、多复述、多背诵，只有如此，才能真正地学好英语和应用英语。

模仿和朗读对我们学英语有着特殊的重要意义。英语和汉语属于两种不同的语系，从语音方面来讲，我们中国人学习英语存在着一定程度的困难，诸如不同发音器官导致的不习惯；读辅音连缀时容易"加音"；不习惯使用升调，致使升调的把握不准；腔不正、音不圆；朗读缺乏节奏感和语调生硬等等。正因如此，我们在口语训练中，更应特别注重模仿，只有多模仿、多朗读，才能改进语音、语调。

我们虽然提倡模仿英美人的语音、语调，但也没有必要一味地追求"洋腔洋调"，重点应放在发音正确、吐字清楚、发音自然等这些技能的训练上。朗读时应有意识地按磁带里的语音、语调方式去朗读。在朗读时，可以把自己的声音录下来，认真听一听，这样能够找出差距，发现自己的弱点和缺点并加以改正。通过模仿、朗读、背诵不但能够学习比较纯正的语音、语调，同时还非常有利于培养英语的语感。

练习口语，特别是在缺乏真实的语言环境下练习，同学们应该多复述、多背诵一些课本上的文章，才能达到很好的训练目的。

很多人在运用英语连续交谈的时候常见的困难之一是"有话不会说"，究其原因，主要是语言基本功不扎实。而要有扎实的基本功，就需要我们多掌握一些基本的交际用语，即熟记一些功能表达方法、基本句式和常用句型。复述和背诵能帮助同学们熟练掌握常见语言功能项目。英语口语较好的学生可以用自己的话复述朗读过的、听到过的或阅读过的材料，也可以完全摆脱原文重新组织内容；口语较差的学生可以先用原文的句式，慢慢转变为用自己的话表达，即先背诵，后复述。

句型操练、朗读、背诵和复述等半机械性的练习方式能够帮助同学们熟记语言结构和形式，为在真实情景中自如地运用英语打下良好的基础，复述还能有助于培养我们良好的说话习惯，讲起话来更加流畅。

在学习英语的过程中，只有把英语基础打好，才能更轻松地学好英语。需要强调的是，基本功的训练并不是指一字一词地死记硬背，而是指一开始学习外语，就要努力形成对这门语言的正确概念，逐渐培养准确的语感，提高各项语言技能。

记忆单词，不忘诀窍

很多同学对于记忆英语单词感到非常困难，觉得记的没有忘的快，所以唯一的办法就是一味地死记硬背。这样做不但效果不明显，而且容易产生厌倦之感。其实英语单词的记忆也是有诀窍的，只要你掌握了这些诀窍，记忆起来就会觉得轻松了许多。

1. 读音记忆法

英语是拼读语言，大部分单词符合拼读规则。根据字母组合、读音规则进行记忆，会读一个单词，便会拼写出来。因而，只要音读准了，大部分单词是比较容易根据读音拼写出来的。在学习新单词时，先把单词的读音读准，然后根据拼读规则记单词。记单词时重点记忆元音字母和含有元音字母的字母组合。因为在单词中辅音字母的读音比较简单，基本上同字母的音标相一致，而元音字母比较复杂，在开音节、闭音节中有不同的发音，不同的字母和字母组合有相同的发音，而相同的字母又有不同的发音。因而记单词时，先把单词读准，然后再仔细看是哪个元音或字母组合发这个音，记住元音或字母组合，单词就基本记住了。

2. 分类记忆法

记忆单词时，我们可以把单词归结成一定的系列进行记忆。如家人系列，有 grandfather, grandmother, father, mother, brother, sister, son, aunt, uncle 等。我们还可以按文具、食品、动物、称谓、颜色、职业、交通、时间等进行分类记忆。

3. 整体记忆法

在学汉字时，我们并不是每一个汉字都是一笔一画地去记忆的，多数是根据部首组合来整体记忆的。在记英语单词时，我们也可以借鉴记汉字的方法，把几个字母看作一个整体来记，同其他一些字母或字母组合组成新单词，这样，就大大减轻了记忆难度，如："ow"再加上不同的字母，可组成 how, cow, low, now, town, down, know 等；"ight"在其前面加上不同的字母，可组成 eight, light, right, fight, night, sight 等。我们把这样的字母组合作为一个整体记熟了，遇到含有这样的字母组合的单词时，记起来就简单多了。

4. 联想记忆法

英语的一部分单词和汉语一样，起源于象形文字，每个字母都有其代表的含义。如："orange"突出了橘子的圆形（o），"lion"突出了狮子长长的尾巴（l），"tree"把"tr"看成树干和树枝，把"ee"看成树叶。"eye"把两个"e"看成两只眼睛，中间的"y"是鼻子。"banana"把"a"看成一个个的香蕉。"bird"把"b"和"d"看成两个翅膀等等。记住字母的象形，就可以解决一部分单词的记忆问题。

5. 加法记忆法

在学习中，可以把一些合成词分解成学过的单词进行记忆。像做加法题，如：sun＋glasses＝sunglasses, class＋room＝classroom, rain＋coat＝raincoat, fire＋man＝fireman。

6. 比较记忆法

有些单词的词形十分相近。在记忆时可采用比较的方式找出不同点，着重进行记忆，这样，既容易记住，又不会将单词搞混。如：

（1）英汉比较，如：coca-cola, T-shirt, hamburger, coffee, bar。

（2）单复数的比较，如：good－goods, glass－glasses, wood－woods。

（3）同音词的比较，如：eye－I，whose－who's，see－sea，meet－meat，right－write。

7. 感官记忆法

根据测试，参与记忆单词的器官和身体部位越多，单词在大脑中的印象就越深刻，记忆的时间也就越长。小学英语中，大部分单词是表示具体事物的，表示抽象的甚少。记单词时，不要只用一种感官，尽可能地用多个感官，耳听、嘴读、手写、眼看、心记等。

8. 复习记忆法

及时复习是强化单词记忆的有效方法，所以每隔一段时间要进行复习，学生可以自制单词卡片，随身带着，有空就拿出来读一读、记一记。巩固所学单词。

9. 联系记忆法

也就是不去孤立地记一个词或词组，而是把它与同义词、反义词或相关词、句、篇等联系起来记忆。"联想是钓钩，在茫茫的知识海洋中，它能准确地钩住你所识记的事物。"联想越丰富，越多彩，记忆的艺术也就越高超。

10. 无意识记忆法

无意识记忆并不是无注意力记忆，而是时间分散记忆。首先准备一个袖珍笔记本，将要记忆的单词写在笔记本上。只要有时间就拿出来读读。这些单词见多了你就会对它们产生感情，所以你就能轻易地把它们记住，因为每读记一遍，就会在你的大脑中加深一层印象。这样记忆的单词可长久不忘，并能随时想起，是一种很好的长时记忆法。但这种方法一定要养成习惯才能有效。

11. 卡片记忆法

用图画纸裁剪若干个长方形卡片（6—7厘米长，2—3厘米宽）。在卡片正面写上单词，背面写上词义。正面用黑色，背面用红色，既醒目又便于区别。

　　先读正面单词，再看背面进行记忆，大体上记住之后，便把卡片胡乱地放在桌上，然后把已经记住的单词拣出来，放入小箱内，记错的和还没完全记住的再集中起来记忆。这样反复记忆可因桌上卡片不断减少而高兴，增加了记忆的兴趣。卡片的数量一般以40—50张为宜，有一个逐步积累的过程。进一步可以把意义相关的或者含有相同词缀的单词写在一张卡片上，一起记忆，即用归类的方法进行记忆。

　　使用卡片要眼观、手写，并不时整理补充，加深印象。做卡片能随心所欲改变排列顺序，它可以单项或以专业性归类排列，当需要时，可用资料便可拈手而来。或许还能发现彼此意外的关联，进而加深记忆。

　　总之，单词记忆的方法有很多种，每个人的情况不同，对甲适合的方法不一定对乙适合。所以，每一个人要选择或总结适合自己的方法，这样才能事半功倍。但有一点是必须要记住的，词汇只有在运用中才能真正掌握，也就是说，必须多听、多说、多读、多写才能真正记住自己想记的词汇。

听说读写，样样精通

众所周知，听、说、读、写 4 项技能的掌握是学生学习英语的最终目的，也是学好英语的必要途径。所以要想学好英语，听说读写必须样样精通。

把听说读写训练好有许多种方法，这里介绍一种先听再写后背诵的方法，即逆向法。

英语的逆向法就是先听录音，然后写出自己听到的句子，再学习其发音并进行背诵，最后对自己的学习进行归纳总结。这样就和传统学习英语的程序相反，所以称之为逆向法。

逆向法是一种"以迂为直"的学习方法。有点违背正常思维，在刚开始逆向学习时，可能遇到的困难会比较多，短期的实时收效可能不如"正向学习"来得"立竿见影"，但它可以收到"正向学习"所达不到的效果。

逆向学习的具体做法包括"听、写、说、背、想"五个步骤。英语水平不高的初学者听英语录音，没有文字材料做依托，困难很多，逐词逐条才能真正听懂，具体做法如下：

1. 把听到的写出来

先把某一条录音内容从头到尾听几遍，听不懂也要硬着头皮听。先听懂其大意，分出段落和句子，然后再以一句话为单位反复地听。搞清楚一个句子由几个词组成，每个词在句子中起什么作用，主、谓、宾都是哪些词等。每听一遍就把听懂的词一个一个按照顺序写在纸上，排列成句子，听不懂的词就先空着。对于英语听力比较差的人来说，刚起步时听不懂的地方实在太多了，有时恐怕连自己也说不清到底有多少处听不懂。在这种情况下，只有把听懂了的词写出来，才能搞清楚到底有多少处听不懂。

对于碰到的生词，一定要听到能模仿录音正确地念出来，准确地抓住各个音节的发音为止。因为只有准确地把各个音节的发音抓住了，读出来了，才有可能根据语法和语音知识试拼出一些词，到词典里查找。由于正确答案往往需要反复多次才能找到，所以听写时要"写一行，空两行"，留下充分的、反复修改的余地。为了纠正不正确的拼写，"写"的时候稍有疑问就要查词典，并用有色笔标出生词和错误的拼写。

对于听写不出来的词，不要就"词"论"词"，一听写不出就立即把录音机停下来，不再往下听写。应该继续听写下去，把听写不出的词放到文章的整体内容上去理解。常常有这样的情况，孤立地去抠一个词，百思不得其解，但若与整句话、整条消息联系起来去理解，思路就宽了，往往也就知道是什么词类和怎么拼写了。

有时同一个生词在录音中多处出现，一处听不清或听不懂，可以先放一放，看看能不能从别处得到启发。因为可能别处的录音很清楚，或者与别的词搭配在一起被你听懂了。听写过程中，对于没有确切把握的词，也要先"写"出来，再在以后的不断听写过程中去检验和纠正。

"听"与"写"两个步骤不是截然分开的，对于英语水平不高的初学者来说，一段录音的听写不是一次就能完成的，而是要经过多次的"听"与"写"互相促进、互相启发、交替前进才能最终完成。

从学习英语的角度出发，初学者在起步阶段必须一边听一边写，如果光听不写，可能会有以下两种情况：一是漏掉了一些听不懂的词，失去了学习和提高的机会；二是有了听不懂的词时，如果只听不写，往往听的遍数再多也可能还是听不懂，但是如果把听懂的部分写在纸上，前后内容联系在一起，经过思考以后再去听，可能又会听懂一些别的内容，如此不断反复，直到全部听懂。

由于严重杂音干扰而无法从语音入手推断的词，可以根据语法进行补充，或许填上去的词不正确，但总比空着好，而且随着听录音时间的增多和英语水平的提高，自己也有可能发现并改正。

2. 会说后要达到会背

整篇文章听写出来以后，就要学"说"。方法是：听一句播讲人的话，自己学说一句。学"说"时尽量使用能不断重复一段录音内容的复读机，根据自己的水平确定学"说"时间的长度，尽量"说"完整的一句。

学"说"过程可以分两步走：第一步是"比读"，即把自己学"说"的语音录下来，与录音带上标准的语音对比，看看什么地方学得不像，如此不断重复，直到能模仿说出大体上正确的语音为止；第二步是要与录音带上的声音同步"说"。

学会"说"以后，就要"背"了。把一段录音的听写记录翻来覆去地高声朗读，达到基本会背诵的程度。"背"对于提高听力有很大的作用：例如慢速英语新闻广播有一定的格式和句型，"背"上一段时间的消息以后，就会熟悉它的风格和常用的句型，也会比较容易听懂新的内容，有时甚至可以听了一句话中前面的几个词后提前说出后面的一些词，或听了上一句话后能提前说出下一句来。到了这个地步，听写时的紧张心情就减轻了，或者基本上消除了。心情一放松，水平就能发挥出来，该听懂的也就能听懂了。

3. 做个有心人，"想"在全过程

如果前面"听、写、说、背"四个学习环节突出了"苦干"精神的话，那么"想"这个环节就主要是讲怎样在"苦干"的基础上"巧干"了，就是要求在整个学习过程中做一个"有心人"，善于开动脑筋。"想"的内容有以下三个方面：

（1）首先是想一想学习的进度是否合适，学到的知识是否扎实，本书提出的学习要求达到了没有。由于学习进度是自己掌握的，不知不觉地会加快学习进度；由于没有客观考核，即使学得不深不透也还自以为学得不错。所以在整个学习过程中，尤其是在打基础阶段，要经常告诫自己"慢些，慢些，再慢些"，时时检查学到的知识是否扎实。如果不扎实则坚决重新学。

（2）其次是总结和归纳学习方法方面的经验和教训。和学任何别的知识一样，只有经常总结和归纳的人才能学得快、学得好。每个人所处的环境不同，学习过程中不同阶段碰到的困难不同，因此取得的经验和教训也不同，应该及时地进行归纳和总结。自己总结和归纳出来的经验和教训，适合自己的情况，用来指导自己学习，效果特别好，可以收到事半功倍的效果。孤立地去看，每一个具体的经验和教训都是很小的，不系统的，没有多大价值。但是积累多了，量变引起质变，可能会成为系统的、有价值的、有一定新意的方法。

最后是总结和归纳学到的英语知识，使之系统化、深刻化。例如每学到一个单词或一些语法知识，要好好地想一想，过上一段时间还要很好地归纳整理一下。归纳和总结的一项主要内容是分析自己在听写过程中所出现的各种各样的差错。实践证明，通过分析自己的差错进行学习，效果特别好。比如有的内容听写不出来，有的听写错了，有的听懂了但写得不对等，就要分析原因并找到避免的方法。就拿单词来说吧，如果听写中自己不会，经过多次试拼出来的词在词典里都没有，或虽然词典里有，但不是所要的答案，最后通过别的途径找到了真正的答案，就要很好地总结一下为什么自己多次试拼出来的词都不对，是不是没有准确地抓住播讲人的发音，还是自己的语音知识不够，或是碰到什么特殊的发音。每学到一个新的单词，都应该在拼写、发音和释义三个方面与自己已经掌握的单词进行对比，找出异同点，以形成"联系记忆"。发音和拼写上有特点的词要加倍注意，看看能否找到记忆的窍门。

学会听说读写，再加上边背边想，想学不好英语都难。

课外天地，助学英语

我们学习英语，无非是要达到这样两个目的：第一是能够进行日常的英语会话，即能够用英语明确地表达自己的所思所想。第二就是我们现在不得不面对的考试问题。

日常会话需要语言环境，只要同学们在日常的生活中善于观察身边的一些事情，就不难发现有很多这样的机会。

例如：同学们可以试着编一些每天唱的儿歌。

早晨醒来说 morning，见了外公、外婆说声 hi。爱清洁、讲卫生，刷刷 teeth、洗洗 hands，face 自己擦干净。一片 bread、一杯 milk、一个 egg，宝宝自己吃得欢。换上 dress、带好 cap、穿上 shoes，one、two、three、four 上学去喽！happy、happy 新的一天开始了。

想吃苹果说 apple，想去公园说 park……

对于我们来说，尽早地进入英语环境很重要。比如在学校和同学们在一起的时候，可以用英语进行简单的交谈，你会发现有很多的乐趣，使我们学习起来不会再感到枯燥、乏味，从而创造了轻松、快乐的学习氛围。在这样一种气氛下学习，用不了多长时间，你就会发现，自己的英语水平已经比以前提高了很多。

如果找不到学伴或很少有机会参加英语活动进行学习，你也完全可以通过自己的创造使自己置身于英语的环境中。比如：用英语描述自己所看到的景物，用英语口述自己正在做的事情。

每个人在说话的时候都有自己的习惯用语，而这些话又是你时常所说的。所以，第一个方法就是把自己常说的话翻译成英文，每当你表达这个意思的时候，就用英语把它说出来。比如：在你需要帮助时说 Can you help me? 当你发现别人遇到麻烦时可以说 What's the trouble with you? 当你对别人的说法、做法表示同意时说 I think so. 等等。

同时，我们还可以通过阅读课外英语读物来增加自己的见识、培养自己的兴趣。

新东方实用英语学院院长杜子华学英语就是从阅读英语简单读物开始的。他上学的年代，我们国家有的地区是从上中学、甚至上大学的时候才开始学习英语的。因为这个原因，1981 年杜子华上大学的时候，英语很糟糕，因为学习英语很吃力，杜子华觉得考大学就像攀登悬崖峭壁一样。刚上大学时，杜子华接受老师的建议读英语书籍，他发现了一种叫"简单读物"的"小人书"，从狄更斯的《雾都孤儿》、《大卫·科波菲尔》，到斯威夫特的《格列佛游记》以及海明威的《老人与海》、《永别了，武器》等等。他从这些简单读物中，发现了与自己身边完全不同的生活、完全不同的文化，使他感到无比新奇，一下就读上了瘾。一年下来，杜子华掌握了近 6000 个单词，培养了很好的语感，也为他学好英语打下了坚实的基础。

作为一名初学英语的小学生，我们可以借鉴杜子华老师的经验，读英文小说对于我们来说虽然有难度，但是我们可以找一些带有中文注解的小故事、小谜语等来读，这样可以让阅读变得更简单。当你经过努力看完一本英文小读物的时候，你会有一种说不出的成就感，你会觉得兴奋、自豪，你会发现自己对学习英语充满了信心。

另外，可以搜集一些英文的谚语、名言或是短小的诗歌。你可以把自己喜欢的写在一张纸上，贴在床头或是比较显眼的地方。每天起床后，都看着它们读读背背。这些英文的名言警句既可以使你的口语水平得到提高，又可以提高你的文学鉴赏水平，真可谓一举两得。

如果你对外国流行歌曲感兴趣，不妨找几首自己较喜欢的英文歌曲，听着那些优美的旋律，看着歌词，再跟着唱上几句，那学习的兴趣就更高了！假如你遇到了陌生的单词，你一定会自觉地把它弄清楚。因为这也是学习英文歌曲的一个目的，对吗？

当然，利用广播来学习英语也是不错的选择。

英语广播节目的内容丰富，可谓五花八门。俗话说，"弱水三千，只取一瓢饮"。可以利用英语广播节目重点学习下列内容和培养下列能力。

1. 培养和提高听力、口语能力

正所谓熟能生巧，坚持收听英语广播，听力会自然而然地提高。但在培养听力时，应有计划性和针对性，注意处理好泛听与精听的关系。英语广播节目有一些内容是以对话等互动的方式呈现的，因此，收听这些节目时应注意节目中的人物如何进行表达和交际，从而通过收听提高、促进自己的口语表达能力。

2. 学习词汇

扩大词汇量是利用英语广播节目学习英语的一个重要内容。电台的英语广播节目会为我们英语词汇的学习提供大量具体、生动、真实的范例。因此我们应该好好利用英语广播节目学习生词、词组及习惯用语、流行词语，并注意学习掌握一些常用词汇的不同用法，从而丰富、充实自己的词汇库。

3. 积累文化背景知识，提高英语综合能力

英语广播节目还给我们提供了大量有关英美等西方国家的文化背景知识。如 VOA 的《建国史话》《美国万花筒》，BBC 的《英国生活》《西方音乐的故事》，Radio Australia 的《澳洲风情》《澳洲生活》等。它们能使我们了解这些国家的历史、地理、建筑、音乐、风俗习惯等多方面的文化背景知识。所以，我们在收听学习时应注意在这方面进行积累。这些对提高我们的英语综合水平和能力是大有益处的。

那么怎样利用英语广播节目学习英语呢？

1. 要制订一个切实可行的收听计划

凡事预则立，不预则废。制订一个切实可行的收听计划是保证收听时间、提高收听效果的前提。因此在利用英语广播学习英语时，要根据本人的英语基础和能力、需要、喜好、可支配时间等因素来制订好收听计划。

2. 要循序渐进，持之以恒

利用英语广播学习英语时要量力而行，循序渐进。在此过程中，我们也可以利用一些英语广播节目的图书资料与录音带进行热身学习或在收听学习过程中对比参考。另外，向那些有英语广播收听学习经验的人请教也不失为一个好的办法。

总而言之，真正聪明的学生会在课堂内外自己给自己创造机会进行练习。就学习英语而言，不要把"宝"都押在课堂学习上，而更要注重课堂之外的自学。要学会在生活中学英语，生活的范围有多大，你的英语学习天地就有多宽广。

诚然，我们现在周围的语言环境大都是汉语，但同学们完全可以自己虚拟出"英语世界"。在日常生活中经常这样问自己：这层意思或这个事物用英语该怎么表达？在这种场合或情景下，"老外"会说些什么话？带着这类问题去读书，去请教他人，就能"立竿见影"。有了这种意识，你就会发现你走到哪里都可以学英语，一辈子都在学英语。

教你几招

顺口溜学习法

学习英语有许多方法和窍门，编顺口溜就是一个既有趣又有成效的方法。

怎样编"顺口溜"学习英语呢？下面以形容词比较级最后一个字母双写加"er"这类单词的学习记忆为例来说明：

1. 先把 big、hot、thin、fat、red、wet 这些单词排列在纸上。

2. 译出它们的中文。

依次是：大的、热的、瘦的、胖的、红的、湿的。

3. 编顺口溜。

"大的、热的"就可连成"大热天"；"红的"可理解为"大热天"就有一个"红红的太阳"；"胖的、瘦的"指的是"胖子、瘦子"；"湿的"可想象为因为天太热，"胖子、瘦子"出汗了，因此湿了。一句顺口溜就编成了："大热天，红红的太阳，胖子、瘦子都出汗。"在这句简短而又精练的话中，把 big、hot、thin、fat、red、wet 这几个单词都包容了起来。

在这前 3 步的基础上，把这句顺口溜背出来就等于背出了这些单词，而且这句话朗朗上口，不易忘记。编"顺口溜"学英语，有以下好处：（1）节省时间，达到事半功倍的效果。以前靠死记硬背，不仅费时，而且易忘。学会这一方法，就能高效、节时地背出单词、语法，而且印象深刻，不易忘记。（2）培养自我概括能力，锻炼思维。把几个没有联系的单词，用一句顺口溜把它们串连起来。看似简单，并非容易。你要细心琢磨，才能把几个没联系的单词连成一句通俗易懂、朗朗上口的话。日积月累，就能培养自我概括能力，锻炼自己的思维。（3）"编顺口溜"使人觉得学习英语不再是枯燥乏味的。

"顺口溜"学习法，会使你说起英语来许多词汇"顺口"就"溜"了出来，何乐而不为？下面是几个有趣的例子：

例一　记忆"be"的用法的顺口溜：

我用 am，你用 are，is 连着他，她，它；

单数名词用 is，复数名词全用 are。

变疑问，往前提，句末问号莫丢弃。

变否定，更容易，be 后 not 莫忘记。

疑问否定任你变，句首大写莫迟疑。

例二　时间名词前所用介词的顺口溜：

年月周前要用 in，日子前面却不行。

遇到几号要用 on，上午下午又是 in。

要说某日上下午，用 on 换 in 才能行。

午夜黄昏用 at，黎明用它也不错。

at 用在时分前，说"差"可要用上 to，说"过"只用 past。

多说多练牢牢记，莫让岁月空蹉跎。

例三　巧记 48 个国际音标的顺口溜：

单元音共十二，四二六前中后。

双元音也好背，合口集中八个整。

辅音共计二十八，八对一清又七浊。

四个连对也包括，有气无声清辅音。

有声无气浊辅音，发音特点应掌握。

"顺口溜"当然还有许多，如有意加以收集或干脆自己编一些顺口溜，对英语学习必会有所帮助。

英语听、说训练法

1. 模仿法

人的很多技能都是模仿而来的。毫无疑问，模仿是成功的钥匙之一，也许是把金钥匙。英语学习在很大程度上取决于听准教师发音的能力；取决于准确模仿教师语音的技能；取决于反复练习同样的语音和句型的耐心和恒心；取决于掌握它们的牢固的记忆力。因此，对初学者来说，最重要的不是讲授而是实践，在听英语中实践和在用英语中实践。因而学习说英语不是也不应当是学习"语法规则"，而是练习说法或句型，要使运用句型达到自动化程度，就像呼吸那样是不假思索的。换言之，学生应像儿童学母语那样，不是靠自觉地考虑语法，而是靠模仿来学习英语。自学发音是很困难的。因此，同学们在上英语课时一定要做到：耳听教师的发音，眼看教师的口形，嘴模仿教师的读音，主动请教师鉴定自己的发音。下课后模仿录音。这样反复模仿，反复练习，才可达到语音、语调的正确。

2. 音像听力训练法

在语言实验室、听音室听磁带；在家里收看电视少儿英语节目；条件允许可以买一个"随身听"，一有空余时间就听课文磁带或英文原版的初级听力训练磁带。

3. 英语朗读法

出声朗读课文，可以使自己的语言更加流畅，语调更加自然。特别是晨读，每天坚持，必有成效。

4. 课堂操练英语法

课堂活跃、大胆回答问题、充分利用时间是听和说能力提高的根本方法。英语学习在初级阶段主要是训练学生听、说能力。课堂以听、说训练为主，要求学生能讲出来。所以，初学英语者必须要胆大、敢说、敢讲、不怕出错。

要记住：Everybody makes mistakes.

5. 听说训练英语法

课文包括了语音、词汇和语法，是进行听、说、读、写的综合材料。说英语要从背诵课文和句型开始，再把它灵活运用到实际中去。怎样才能既快又好地背诵一篇文章呢？

最好的做法是：第一步念生词。第二步熟读课文。第三步从第一句话开始背起，再背第二句，然后再从第一句话开始背起，再背第二句、第三句……连起来背，依此类推，直至全文都背下来。

平时要抓住各种机会练习英语对话，如：当外语课值日生、外语演讲、外语角活动、会见外宾等。不要怕说错，不要怕别人嘲笑，只要敢开口说英语，就是成功的一半。

故事链接

The lion and the mouse
狮子与老鼠

When a lion/ˈlaɪən/was asleep，a little mouse began running up and down beside him. This soon wakened the lion. He was very angry and caught/kɔːt/the mouse in his paws.

狮子睡着时，有只小老鼠在他的周围爬上爬下，很快吵醒了狮子，狮子很生气，一把抓住了老鼠。

"Forgive me，please." cried the little mouse. "I may be able to help you someday." The lion was tickled at these words. He thought，"How could this little mouse help me?" However，he lifted up his paws and let him go.

"饶了我吧。"小老鼠请求说，"也许有一天我能帮上你的忙呢。"狮子觉得很好笑，他想："这只小老鼠怎么能帮上我的忙?"但他还是抬起爪子放他走了。

A few days later，the lion was caught in a trap/træp/. The hunters wanted to take him alive to the king，so they tied him to a tree，and went away to look for a wagon/ˈwægən/.

不久，狮子被陷阱困住了。猎人们想将活狮子献给国王，于是就把他捆在一棵大树上，然后去找马车。

Just then the little mouse passed by and saw the sad lion. He went up to him and soon gnawed away the ropes. "Was I not right?" asked the little mouse.

这时，小老鼠路过这里，看到了绝望中的狮子。他走过去，很快啃断了绳索，说："我虽小，可是我也能帮上你的忙。"

第四章　多彩生活（社会），神秘科学

有一些课程虽然不是升学考试的必考科目，但却可以帮助我们开阔眼界，见识广博的社会生活和神秘的科学世界，陶冶我们的性情，滋养我们的文化素养。素质教育就是要我们全面发展，所以，同学们千万不要让考试束缚了自己的手脚，而应全面发展你的能力，学好各门课程。

学好品德，精彩人生

我们每个人从呱呱坠地开始，就生活在社会里，从接触父母，到接触邻居、朋友、老师，我们走进了社会，就像对自然现象感到好奇一样，我们也对社会文化现象发生了兴趣，因为我们天天生活在社区里，离不开家庭、邻里、学校。天天读报纸、听广播、看电视、亲历自己居住的地方发生的事情，关心从遥远的地方传来的消息。我们就生活在这样一个实实在在的世界里。然而，即使面对最熟悉的人和事，我们也有许多问题一时找不到答案。比如，为什么城市和乡村有许多区别？为什么不同的地方会有不同的语言和不同的风俗习惯？为什么我们和长辈之间总对一些问题有不同的看法？为什么人们把多余的钱不是放在身边而是存入银行？为什么社会中人与人的交往会有那么多的规则？

面对这些问题，都必须从我们的品德与生活（社会）课里去学习、去理解。作为一名小学生，培养自己的实践能力和健全的品格是必不可少的，品德与生活（社会）课就是为我们提供把书本知识和实际相连接的一门学科。

在历史的发展长河中，曾经涌现一些我们所熟悉的传统大学问家，他们都能够很好地把书本知识与实践相联系起来。顾炎武就是一个典型的例子，明朝灭亡后，他大部分时间都在地方活动，考察山川形势、政治经济、文化风俗。每次出行，他总是用两骡两马载书，经过边塞、关哨、山川时就向当地的老百姓询问和了解一些知识和地方的民俗风情，如果所听到的跟以前所学的不相吻合，就打开书籍对照，加以观察思考。经过长期积累，他终于有很多新的发现，并写出了《日知录》等传世之作。他的这种注重实学的作风，在今天仍然对我们的学习有很强烈的启发和意义。

所以，转变"死"读书的这一不利局面，是非常重要的，需要我们更新学习观念，不光从书本上读着学，课堂上听着学，还要学一些课堂之外、学校之外的实际的生活学。因为这个社会正在以令人眼花缭乱的速度发展，我们必须要学会适应这个社会，进而创造这个社会。但需要注意的是，作为小学生，我们的心态还没有真正地成熟起来。是非观念也还比较模糊，所以学习品德与生活（社会）课一定要在老师和父母的指导与教育下进行。

那么，我们应该如何学好品德与生活（社会）课呢？

第一，要善于听课。也就是深刻理解并掌握老师上课提到的理论知识的重点、难点。要知道，如果没有理论做基础，就没有实践，就算有也是盲目的实践。就好比你连七大洲、四大洋都不知道，又怎么能够画好一幅世界大陆分布简图？

再说一个更实际的例子：一些同学上课不好好听课，竟连香港和澳门也分不清，考试时题目要求指出香港，他却指着澳门说是香港，之所以造成这种低级错误，并不是他们的智商太低或脑子太笨，而是上课时没有用心听老师讲课。

第二，要勇于实践。要想学好品德与生活（社会）课，仅凭课本上的理论学习肯定还远远不够，我们还必须进行一些实践活动。因为，只有实践才是检验理论的唯一真理。所以，必须把理论与实践相结合起来，在日常生活中勇于实践，这样才能提高我们的社会实践能力。

第三，勤于复习。在既有理论又有实践之后再进行有序的复习。复习时可按照如下的步骤进行：

1. 在下课之后系统而全面地复习课上的内容。

2. 许多人喜欢死记硬背，我们不提倡这种笨拙的方法，而是要求同学们每天晚上读一遍书中画线的部分即可，但一定要用心读。

3. 在考试前一天再进行一次系统全面的复习。只要养成这样的复习习惯，你就可以学好品德与生活（社会）课。

此外，我们要注意将品德与生活（社会）课的学习与其他各门功课的学习结合起来。因为，一个合理编排的课程表，犹如一个营养均衡的食谱，里面各个科目都是有益于我们身心健康成长的知识，千万不可偏废。只有这样，我们才能健康成长，早日成才。

锦囊妙计，成功助手

同学们，当我们进入四年级，便开始接触品德与社会课，你也许会对这使你拓宽眼界的课程格外感兴趣，但你也可能会为怎样学好这门课程而感到力不从心。但是有锦囊妙计在手，就不必为此而担心啦！

1. 阅读法

预习开始的时候，首先从头到尾把课文朗读一遍，边读边思考：新课文的基本内容是什么？是按什么思路来阐述的？这个思路的道理是什么？读过之后还有哪些不理解的地方？把这些记录在预习笔记上。这种预习方法，表层目的是对新课文知识的预习，深层目的是看看在独立学习的情况下，自己能掌握多少内容。上课的时候，除了听老师讲课外，还要比较一下，自己的理解和老师的讲解有哪些差距，这种差距是属于知识方面的，还是方法方面的，找到原因也就找到了补短的方向。因为品德与社会课的特殊性质，如果经过阅读预习以后仍不能理解部分内容，那么也不必强求理解，把它记下来作为听课的重点。

2. 回顾法

主要是在预习新课文的时候，要复习巩固学过的知识，以发现自己掌握知识的薄弱环节。本来已经学过的知识是应该记住的。可是事实上，由于种种原因，学过的知识或者忘记了，或者记不全了，或者记错了而不自知，从而变成了对新课文理解的"绊脚石"。有的同学感到听课效果差，其中有一个很重要的原因，就是没有扫除这些"绊脚石"，缺少听好新课所必备的知识，对后面就更听不懂了。通过回忆，查一查不懂的概念在哪一章哪一节见过，如果还回忆不起来，就找出课本或笔记本认真看看，直到弄懂为止。

在预习好新课文的基础上，为了更好地掌握品德与社会课的精髓，同学们必须把主要精力集中在课堂上。

听课是为了学到知识。但是，是不是知识听懂了就算听好了呢？应该说，听懂是最起码的要求。但是优秀的学生不应当只满足这一点，而应当给自己提出更高的要求，就是在课堂上，不仅要学习具体的知识，还要学老师的科学思维，摸清老师讲课的思路。思路就是思考问题的具体线索。是把老师讲课过程中运用的各种思维方法、思维形式、思维规律搞清楚。学老师是如何周密地科学地思考的，以提高自己的思维能力，从而进一步提高学习效率。

1. 注意力集中

上课的时候大脑不能开小差，要通过认真听讲训练自己注意力集中的能力。注意力是意志力的具体表现。意志力的锻炼和注意力的培养有极密切的关系。严格遵守课堂纪律，加强自控能力，善始善终地把一件事做完，不分散自己的注意力，甚至有意识地培养自己闹中求静的本领，主动抵制引起分心的干扰是锻炼和提高意志力的好办法。

2. 求知欲旺高

品德与社会课旨在培养同学们珍爱生命、热爱生活等美好品质，并初步形成规则意识和民主、法制观念。如果同学们能将生活实际很好地同品德与社会课相联系起来，必定会事半功倍。这在课堂上体现为愿学、爱学，敢于探索，敢于提问题。正确的态度是：上课时要专心听，勤思考，力争"当堂课当堂懂"，基本完成理解任务。

同学们，锦囊妙计在手，你还会怕学不好品德与社会课吗？

重视科学，研究科学

孩 童阶段是学习科学的最好时期。这是因为童年是人的一生中好奇心最强烈的时期，对自然现象的兴趣最大。科学家就是那些具有强烈好奇心的人，而成年人缺少这种自发的好奇心。无论如何，人们的日常经验和儿童早期教育研究都表明，幼儿园和小学阶段，是实施科学启蒙教育的最佳时期，儿童对自然和科学的兴趣，他们的科学思维能力、创造能力在这一时期若得到及时良好的培养，进入中学和大学后，或者进入成年时期后会得到高度发展；反之，就发展不起来。

我国教育家陶行知先生早在 80 年前就在《儿童科学教育》的演讲中从普及科学教育的高度告诫国人："要建设科学的中国，第一步是要使得中国人个个都知道科学，要使每个人对于科学产生兴趣。年龄稍大的成人们，科学引不起他们的兴趣来。只有在小孩子身上，施以一种科学教育，培养他们对科学的兴趣，发展他们在科学方面的天赋。"今天，全世界几乎所有国家的政府部门都重新认识到从幼儿园普及科学教育的重要性，如美国 1999 年制定了从幼儿园到高中普及科学教育的《国家科学教育标准》；英国 1989 年开始把小学（从儿童 5 岁开始）科学列为与语文、数学并重的 3 门国家核心课程之一等等。所有这些国家，没有人再认为儿童的科学教育不重要，各国的科学教育政策清楚地表明，小学课程中，科学与其他学科是同等重要的；小学科学与中学科学也是同等重要的。

由此可见，作为小学生的我们，应该重视科学课、学好科学课。

研究科学，也要从这一门课开始。

"九层之台，起于垒土。"同学们一定非常羡慕那些天才人物吧，但众所周知，天才人物也是从婴儿成长起来的，渊博的知识也来自于长期学习中的不断积累。同学们将来在社会上创业，同样取决于我们现在良好的学习基础。我们小学学习的科学课，融合了丰富的自然事物和知识，目的是为了对我们进行科学启蒙教育，启发科学思维和想象力，发展智力，引导我们走进科学奥秘的发现过程，启发我们像科学家那样去探索和研究大自然的奥秘。

从小进行科学学习，是为了培养我们爱科学、学科学、应用科学的能力，这将对我们未来的成长产生深远的影响。小学科学教材主要包括动物、植物、人体、水、空气、力、机械、声、光、热、电、磁、地球、宇宙等方面的基础知识，通过对这些内容的学习和掌握，使我们丰富了科学知识，为以后接触新事物、接受新知识打下了良好的基础。比如光的传播、眼睛的科学、彩虹的秘密、动物的进化和驯化、地球的自转和公转等科学内容，可以满足我们的好奇心并解答我们心中的一些疑惑。

科学实验是科技工作者取得科学依据的重要手段，也是我们青少年深化科技知识、培养严谨科学态度的重要手段。科学课的实验有很多，诸如种大蒜、浮与沉、磁铁游戏、轮子省力、制作指南针、茎的扦插、叶的蒸腾等科学实验活动。

我们想要掌握科学的实验过程，就要一丝不苟地观察、记录各项实验的过程和变化并忠实于其数据，才能得出符合客观实际的实验结果，才能发现科学秘密。比如：在种大蒜的实验活动中，通过看、闻、尝、摸等方法，观察大蒜的颜色、形状、气味、味道等方面的一些特征来认识大蒜，再通过种大蒜活动（盆栽大蒜），了解大蒜种植的过程，并进一步观察大蒜发芽和生长过程。这样就会使我们在一定程度上了解大蒜生长的科学知识。

诸如此类启发性、科学性的实验活动有很多。如声音的传播、食物的营养等等都是很好的科学实验活动，科学实验活动一方面可以培养我们的动手技能，另一方面还可以激发我们学科学、用科学的兴趣。

用心观察，不在话下

观察是学好科学课的重要方法，而观察包括课堂观察和课外观察，只要同学们把这两者有效地结合起来，肯定会发现科学课也有很多的乐趣。但不管是使用哪种方法观察，一定要学会尽量准确、深入地观察，而不仅仅是停留在表面上。有些学生学不好科学课的原因主要是观察事物时注意力分散，只看到事物的表面现象或观察时毫无针对性。

既然是学习科学，就要掌握科学的观察方法。因此，我们在学习观察时要做到以下几点：

1. 要明确观察的目的

观察什么？怎样观察？要达到什么目的？在观察前就应该做到心中有数。比如：学习"凝结"的相关内容时，在两个相同的玻璃杯内，倒入同样多的、温度相同的热水。并在两个杯口同时分别盖上冷玻璃片和烧热的玻璃片后，老师就会提示我们：过一会儿，这两块玻璃片下面将会有什么样的现象发生？那我们就应该带着这个目的，有的放矢地去观察，并很快发现在冷玻璃片下出现许多小水珠，在热玻璃片下没有小水珠。而如果观察目的不明确，你就很难发现这一现象。

2. 观察要细致入微

只有细心观察，才能明察秋毫，才能注意到自然事物之间的联系。所以我们在观察自然事物和现象时，应该动用所有的感觉器官去体验、去感受。只有这样才能全面了解观察对象，养成细致的观察习惯。

3. 观察时要学会把握重点

任何事物都有多方面的特性，如果观察时不分主次，不突出重点，事物的特征就不能被发现。比如：学习"考察自然水域"的相关内容时，如果我们到当地自然水域去考察，就应该重点观察被污染的水的特征，看一看水是不是清澈的，是不是无色透明的，有没有黑、红、褐等被污染的颜色，有没有油、泡沫等漂浮物，闻一闻有没有腥、臭等气味。否则，考察就只能成为走马观花的"参观"了。

4. 观察要有耐心，要学会循序渐进

耐心是学习成功的前提条件，循序渐进是进步的一个过程。同学们一定要学会将这两者有机地结合起来，并形成一个良好的学习习惯，才能高效率地掌握自然科学知识。比如：学习"关节"的相关内容时，应在老师的指导下细心观察、认识人体的各个部位，除肩关节、肘关节、腕关节、髋关节、膝关节、踝关节等一些比较大的关节外，还应观察有关关节的屈、伸、内收、外展、旋转、环转等作用。

学好科学课，可以使用以下几种方法：

1. 顺序法

自然事物和自然现象都有各自的"序"，在空间上也都各有各的位置，在时间上当然也有各自的发展过程。因此，我们在学习自然时，应根据观察对象的特点，做到心里有个观察的"序"。也就是说先看什么，后看什么，要有一定的次序。只有观察有序，才能达到观察的目的。

而顺序法又可分为方位顺序和时间顺序。

（1）方位顺序法。由整体到部分或由部分到整体；先上后下或先下后上；由左至右或由右至左；由近及远或由远及近；由表及里或由里及表；先中间后四周或先四周后中间；定点观察或移点观察（随着观察对象的行踪而改变观察点）。

（2）时间顺序法。即按观察对象的先后发展顺序观察。如观察一天中太阳下的物体变化，观察蝌蚪的发育过程，观察蚕一生的变化，观察月亮在不同日期同一时刻在天空中位置的变化等。

无论是方位顺序观察还是时间顺序观察，我们都应该知道这两种方法并不是孤立的，如果只用一种观察方法贯穿于一次观察的全过程，就很难做到全面、细致。因此，只有用多层次、多角度的观察方法，围绕观察目的进行观察，才能真正把握自然事物之间的联系和变化。

2. 比较法

比较是人们认识自然事物或现象最常用的方法之一。运用比较观察法容易发现自然事物或现象之间的异同。比如：学习"鸟"的相关内容时，我们就应该先观察一些鹰、喜鹊、家燕、大雁、啄木鸟等这些鸟类外形上的共同特征，再通过比较，就容易发现它们身体各部位的不同之处。

只要掌握正确的学习方法，用心去观察，相信同学们一定会学好科学课。

教你几招

织网学习法

提 出"发现法"的美国教育心理学家布鲁纳指出："获得的知识如果没有完整的结构把它们联在一起，那是一种多半会被遗忘的知识。一串不连贯的论据在记忆中仅有短得很可怜的寿命。"由此可见，合理组织认知结构，编织知识之网，不仅有助于理解复杂的学习材料，而且有助于记忆和检查，把握全书的脉络。

怎样编织知识之网呢？

1. 读前先详看目录和各章节的小标题，使自己对该书各部分的内容及其逻辑层次、内在联系有个大概粗略的了解。同时要尽量去回忆唤起与该书内容，特别是与第一节和第一章内容有关的已有经验和表象，并组织已有的认知结构。

2. 阅读每一章节时注意：（1）利用新旧联系，以旧带新，将新知识整理，同化于原有的认知结构之中；（2）探索本章节内容与其前后章节的联系，以及在全书中的地位；（3）搜索本章的重点、难点、疑点和新点。

3. 每读完一章节暂停一下，概括其要点、领悟其意义，找出贯穿全章的主线，再调整组织认知结构，并根据原先了解的各章节的大致联系，先推测下一章节要讲的内容会是什么。

4. 读完全书后，在对原各章节概括要点的基础上，进行较全面的整理归纳，找出哪些是因果关系；哪些是递进关系；哪些是并列关系；哪些是转折关系……从而像"接电路"那样，该串联的串联，该并联的并联，将节与节、章与章的各部分重点内容编织成知识之网，在纵横联线的基础上找出串联各章节乃至全书的中心主线。

5. 重新调整组织你的认知结构，再次详看目录和各章节的小标题，并根据已初步编织的知识之网，进一步分析探寻各章节、各部分的逻辑关系和内在联系，掌握全书的脉络。当第二遍阅读时，就能居高临下、突破难点、品嚼重点、发现新点、寻幽探微。然后再调整、充实、提高、完善初编的知识之网。

浓缩学习法

知识浓缩，是指把众多的现象抽象为简单原理，把离散状态的印象归纳出清晰的脉络，把内在的实质描绘成定量公式，从大量事实中分析出简洁的精华，使知识组成"集装箱"储存起来的学习方法。

知识浓缩方法大致有：

1. 大量过滤

第一步，必须对知识信息先过"大眼筛"，进行初级视觉处理，拿到读本先看作者、纲目、来源、类别，进行第一层次取舍。再根据纲目、抽读提要或重点章节，进行第二层次取舍。然后围绕你的学习目标分开档次，作出粗读、浏览还是精读的决策。

2. 寻找知识链

鉴于各门学科之间的相互作用等特点，我们可以用编目、提纲、图表符号等办法剪去枝蔓，拧干水分，分析出学习内容的精华，记录并记忆知识的主线，把知识串起来，形成包含着巨大信息量的知识链。

3. 简单包含

如果我们能够用一个概念统摄众多概念，用几句十分明白的话说出一个十分深奥的道理，用一个尽可能简洁的符号、图表概括出尽可能多的前提假设或推出尽可能多的结论，使之返璞归真、平中见奇，就将大大地增加我们的信息摄入。

4. 合理代谢

知识，是要不断清点、不断调位、不断代谢的。没有取舍就不会有重点，没有重点，也就不会有优势。接纳的同时，摈弃一部分，闲置一部分，才会使你的知识充满生机。

5. 模糊记忆

对于许多庞杂的死板教条资料，有许多是不必精确记忆的，只要求做到"对样样事都应略有所知，对某一事则应样样皆知"（布鲁姆）即可。

从古至今，人类积累了众多的关于学习活动的经验，其中有一些经过反复实践与修正，形成了具有模式意义的学习方法，并得到了广泛的应用。

趣味链接

有趣的科学小实验

带电的报纸

思考：

不用胶水、胶布等粘合的东西，报纸就能贴在墙上不掉下来，你知道这是为什么吗？

材料：

1 支铅笔，1 张报纸

步骤：

1. 展开报纸，把报纸平铺在墙上。

2. 用铅笔的侧面迅速地在报纸上摩擦几下后，报纸就像粘在墙上一样不掉下来了。

3. 掀起报纸的一角，然后松手，被掀起的角会被墙壁"吸"回去。

4. 把报纸慢慢地从墙上揭下来，注意倾听静电的声音。

说明：

1. 摩擦铅笔，使报纸带电。

2. 带电的报纸被"吸"在了墙上。

3. 当屋子里的空气干燥（尤其是在冬天），如果你把报纸从墙上揭下来，就会听到静电的噼啪声。

创造：

请试一试，还有什么物品能不用粘合剂，而用静电粘在墙上。

胡椒粉与盐的分离

思考：

不小心将厨房的作料——胡椒粉与盐混在了一起，用什么方法将它们分离呢？

材料：

胡椒粉、盐、塑料汤勺、小盘子

操作：

1. 将盐与胡椒粉混在一起。

2. 用筷子搅拌均匀。

3. 塑料汤勺在衣服上摩擦后放在盐与胡椒粉的上方。

4. 胡椒粉先粘附在汤勺上。

5. 将塑料汤勺稍微向下移动一下。

6. 盐后粘附在汤勺上。

讲解：

胡椒粉比盐早被静电吸附的原因是因为它的重量比盐轻。

创造：

你能用这种方法将其他混合的原料分离吗？

带电的气球

思考：

两个气球什么情况下会相互吸引，什么情况下会相互排斥？

材料：

气球 2 个、线绳 1 根、硬纸板 1 张

操作：

1. 将两个气球分别充气并在口上打结。

2. 用线将两个气球连接起来。

3. 用气球在头发（或者羊毛衫）上摩擦。

4. 提起线绳的中间部位，两个气球立刻分开了。

5. 将硬纸板放在两个气球之间，气球上的电使它们被吸引到纸板上。

讲解：

1. 一个气球上的电排斥另一个气球上的电。

2. 两个气球上的电使它们被吸引到纸板上。

创造：

你能用其他小实验说明气球带电吗？

可爱的浮水印

思考：

宣纸上漂亮的图案不是画出来的，是怎样制作出来的？

材料：

脸盆1个、宣纸1—2张、筷子1支、棉花棒1根、墨汁1瓶、水（约半盆）

操作：

1. 在脸盆里倒入半盆水，用蘸了墨汁的筷子轻轻碰触水面，即可看到墨汁在水面上扩展成一个圆形。

2. 拿棉花棒在头皮上摩擦两三下。

3. 然后轻碰墨汁圆形图案的圆心处，看看有什么现象。

4. 把书法用纸轻轻覆盖在水面上，然后缓缓拿起，纸上印出什么图案呢？

讲解：

1. 棉花棒碰触时，墨汁会被扩展成一个不规则的圆形。

2. 棉花棒在头皮上摩擦所粘上的少量油会影响水分子互相拉引的力量。

3. 水印会呈现不规则的同心圆图形。

创造：

试试其他的方法，改变水面上墨汁的图形。

第五章　考试技巧

学习活动中的一个重要环节就是考试，每一个学生在学习过程中都不可避免地要进行考试。因此，掌握考试技巧对我们来说是非常重要的。所有的考试都可分为三个阶段，即考前准备、考场发挥、考后调整。每一种考试在每一阶段亦有着相近的考试技巧，同学们要在学习生活中不断积累和总结考试技巧，这样才能在"临门一脚"时发挥出色甚至超常。

考前冲刺，拒绝疲劳

"台上一分钟，台下十年功"说的是艺人在舞台上的每一份荣誉都是台下苦练的结果。"梅花香自苦寒来"说的也是这个道理。要取得好的考试成绩归根结底必须付出艰苦的学习劳动。想凭借考前的恶补和高超的考试技巧来缩小与平日里辛苦积累下的成果的距离是徒劳的。

考试的准备过程就是耕耘的过程，一定要下苦功才行。只有在下足功夫的基础上，应试的方法和策略才会有用。下面就介绍一些准备考试的实用技巧。

1. 合理的作息制度

遵守合理的作息制度能够保证劳逸结合，使各种活动按一定顺序有规律地进行，有利于动力定型，能有效地节省大脑神经细胞的功能损耗，预防疲劳，提高学习效率，同时有利于生长发育，提高机体的抵抗力。遵守合理的作息制度就是合理用脑。在学习的时候，大脑所主管的视、听、读、写以及有关记忆、分析等功能区都处于高度兴奋状态，大脑任何部位的兴奋能力都有一定的限度，超过了一定的限度，原来的兴奋区域的兴奋就会减弱，抑制就会加强，兴奋开始向抑制转化，就会产生大脑的疲劳，出现困倦、头痛等，影响学习效果。休息、活动和睡眠虽然占去了一定的时间，但保证了清醒的头脑和充沛的精力，因此，一定要学会合理用脑，善于用脑，懂得如何适当调节学习和休息。复习功课时，几门课程交替学习，每门45—60分钟较为合适，休息10分钟，再复习另一门功课；2小时后用20分钟进行户外活动，如呼吸新鲜空气、散步、练操等，能使部分脑细胞得到休息，调节神经机能，提高大脑的反应速度；上午可学习4个小时，下午安排2个小时学习，1—2个小时的户外活动，晚饭后学习时间最好不要超过3个小时；每日睡眠保证9—10个小时。这样可以大大提高学习效率，达到事半功倍的效果。每个人可能有所不同，要结合自己的情况做相应的调整，切记不要打疲劳战。

2. 进行放松训练

焦虑时，思维或者迅如烈马，四野狂奔却不能集中考虑问题；或者慢如老牛，各个念头掺杂一起，无法解决任何问题。放松训练就是使放纵状态中的头脑得到冷静，从而更有效地发挥思维的潜力。

如果考试焦虑已经成为你应试模式中的固定成分，你就需要进行专门的放松训练。放松的程序如下：

准备阶段：找一个舒服的姿势，这个姿势应能自己感到放松，毫无紧张之感，可以靠在沙发上或躺在床上；要在安静的环境中进行练习，光线要暗，尽量减少无关的刺激，以保证放松练习的进行。

放松顺序为手臂→头→躯干→腿。可以对这个顺序进行重新组合，但一旦组合好，就不能随便打乱。

手臂的放松：

伸出右手，握紧拳，紧张右前臂；

伸出左手，握紧拳，紧张左前臂；

双臂伸直，双手同时握紧拳，紧张手和臂部。

头的放松：

皱起前额的肌肉，像老人额部一样皱起；

皱起眉头；

皱起鼻子和脸颊（可咬紧牙关，使嘴角尽量向两边咧，鼓起两腮，似在极痛苦状态下使劲一样）。

躯干的放松：

耸起双肩，紧张肩部肌肉；

挺起胸部，紧张胸部肌肉；

拱起背部，紧张背部肌肉；

屏住呼吸，紧张腹部肌肉。

腿的放松：

伸出右腿，右脚向前用力像在蹬一堵墙，紧张右腿；

伸出左腿，左脚向前用力像在蹬一堵墙，紧张左腿。

放松方法：每一部分肌肉的放松可依照5个步骤：集中注意→肌肉紧张→保持紧张→解除紧张→肌肉松弛。

指示语：进行放松时，你可以暗念指示语。

手臂的放松：

"伸出右手，握紧拳，使劲握，就好像要握碎什么东西，注意手臂紧张的感觉……坚持一下，……再坚持一下……好，放松……现在感到手臂很放松了……"

躯干的放松：

"耸起双肩，让肩部肌肉紧张，非常紧张，注意这种紧张的感觉……坚持一下，……再坚持一下，……好，放松……非常放松……"

当各部分肌肉放松完毕后，你可以暗示自己："现在我感到很安静，很放松……非常安静，非常放松……全身都放松了……（从1数到50，掌握放松的时间）……睁开眼睛。"

暗念指示语时，要注意使语调和自己的呼吸协调一致。

当考试焦虑严重地影响着你目前的准备状态时，这种专门的放松训练非常有效。但也有很多时候，或轻或重的考试焦虑没有任何预兆便袭击了你，这时，就需要一些应急的放松方法，如：想象性放松、深呼吸放松。想象性放松：舒服地坐好，闭上双眼，然后想象一个景象，在这个景象中，你能最大限度地感觉到轻松、惬意。深呼吸放松：挺直地站定或坐定，双肩稍用力下垂，然后慢慢地做深呼吸。可以随着呼吸频率暗念简单的指示语："一呼……一吸……一呼……一吸……"或"深深地吸进来……慢慢地呼出去……深深地吸进来……慢慢地呼出去……"

放松训练不仅仅是治疗考试焦虑的手段，也是解除学习疲劳的有效方法。尤其是其中的深呼吸放松，简便易行，仅需要一分多钟就可以解除相当分量的疲倦。每一个考试者都应该有一个最适合自己的迅捷高效的放松模式。

3. 保持身体健康

大考之前，一定要适当注意饮食，并保持一定的体育锻炼。在此只着重讲一下睡眠的问题。

一旦睡眠成为你考前的一大问题，那十有八九是因为你给予了睡眠过分的关注。你不必把睡眠问题看得太重，以至于形成一个简单逻辑：睡得好就考得好，睡不好就考不好。

在这种压力下，你的睡眠一定会受到一定程度的影响。你需要的只是一个正常的睡眠，而不是绝对化地要求每一个晚上都必须睡得香甜。当这种绝对化的要求不能实现时，有的人就会陷入惴惴不安的心态里。

从心理学上讲，睡眠主要是不受人的主观意识直接控制的生理过程。这种生理过程的特征就是：你愈注意它的不良方面，它的不良方面就会愈突出；你愈注意它好的一面，它好的一面就会愈显然。上述绝对化要求常常会形成一个恶性循环，如下图所示：

绝对化要求 ————————→ 不良方面被突出

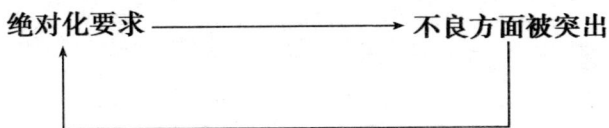

不良睡眠恶性循环图

明白了这一点，你或者会说："这还不好办！我只要求睡好就是了。"如果真能做到这一点，那当然不错，但这在心理学上讲，实在太难做到。

你或者也会问："那我果真睡不着了，该怎么办？"一个根本的原则是顺其自然，因为生理过程的特点就是，如果你不过分关注它，那它来就来，去就去；但你一旦给予它相当的注意力，它就不愿意随随便便地走了，不妨听之任之。一旦"睡不着"袭击了你，你首先要做的就是接受这个简单事实：哦，我睡不着了，然后可以轻松地对当天的知识做个回忆或总结。就让你的回忆和"睡不着"成为并行的活动，你管意识活动，你的身体管你的睡眠。当你的身体感到需要"睡眠"时，不需要你做任何努力，自然会进入梦乡。

如果你果真需要对你的睡眠做些调整，那么有一点就足够了，即保持良好的作息时间。可以在平时搞学习进度突击，但优秀的学生决不需要在考前大搞"熬夜"突击。

同学们，考前冲刺很重要，但是保持好的心态，拒绝疲劳战术也是非常重要的。

应试之时，镇定自若

进入考场之前，最佳的状态是：信心十足，但脑中仍绷着一根弦，"不会太容易对付的"；内心平静，但仍有一些紧张和兴奋，"就要考试了，我终于可以……"。带着这种心态进入考场的学习者，常常是后来的佼佼者。进入考场前后，同学们不要忘记这几个步骤：

1. 检查必备物品

赴考场前，一定要检查一下，是否将考试必备物品带充足了；进考场前，亦需要再检查一遍，以避免不必要的手忙脚乱。

2. 进行考前放松

就要进入考场了，可以采用自己喜欢的放松法，比如，想象放松法或深呼吸放松法，放松一两分钟，使过于兴奋的自己平静一些。

3. 学会积极等待

进入考场后，要有一些等待时间。不要着急，要告诉自己，"还有一会儿才考试"。你可以先稍稍熟悉一下周围的环境，比如，看一看监考人或主考者，稍稍注意一下身边的竞争者。这一步在非笔试的考试中相当重要，即便在笔试中，这种简单的熟悉也会增加自己对周围一切的把握感，它可以使有信心的考试者在兴奋中更加从容。等待就要结束时，在自己的座位上可以来一个简单的深呼吸放松。

4. 接受生理紧张

如果在考试中，你突然出现了某些应激性的生理反应，比如，心咚咚乱跳、手心出汗不已、头皮紧张发麻等等。这时，不要消极悲观，譬如，对自己说"坏了，这还能考好吗"或"我肯定发挥不出高水平了"。应激反应往往只是一时的生理现象，但如果你过分地注意它，它可能就不走了，那就必然会实现你自己的悲观预言。这也是一个恶性循环。如下图所示：

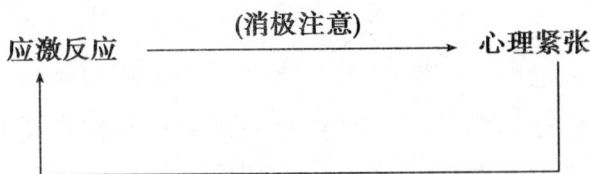

考试紧张恶性循环图

应激反应一旦出现，考试者应学会积极思考。首先，在心理上接受应激反应，"哦，我有点紧张"；然后，告诉自己，"大考当前，有点紧张还是很正常的"；然后，来一句，"随它去吧"。可以稍稍做做深呼吸放松。

应激反应没有什么好怕的，除非你在应激反应和心理紧张之间搭起了一座双向循环桥，从而愈有应激反应愈紧张，愈紧张愈有应激反应，因此紧张到了极点，结果考得一塌糊涂。考试中，应杜绝对紧张的消极注意，而不是杜绝紧张。

接下来，让我们把注意力转移到所考的这张试卷上来。

从小到大，同学们经历了大大小小无数场考试，可谓是"久经考场"。可是，一场考试下来，常常有人感到遗憾。有的粗心大意，盲目轻"题"，先匆匆看了一下考题，感到容易，于是做题时不假思索，提笔疾书；做完后，不再检查，急于交卷。出考场时兴冲冲，对答案时"灰溜溜"，大错铸成，后悔莫及。有的对基础题匆忙作答，而用主要时间和精力去攻难题，结果基础题未能把握住，难题攻之不克，得不偿失。有的做题无计划，前松后紧、顾此失彼，先做难题、大题，后面做题的时间没有了，会做的题反而没有做。如此等等，不一而足。

相反，看那些好学生，他们一副成竹在胸、稳坐钓鱼台的模样，神态自若，不慌不忙，按部就班，看来考场上答题得讲究方法。

好学生考试答题一般会做到以下几点：

1. 有计划地安排答卷

现在一般考试都是提前 15 分钟发卷，他们在拿到试卷之后，不会马上动笔，而是抓紧这个时间先大体浏览一下题目，主要是看看题目类型、数量以及掌握的情况，做到心中有数，有个初步答卷计划。如语文考试，可先看一下作文题，在做基础知识、阅读部分的过程中也许想起什么材料，或许有助于作文。浏览之后则开始答题。最后应留 10—15 分钟检查答卷。

2. 有序地答题

正常的试卷大多是基础题在前、综合题在后，按先易后难的顺序编排。好学生依照出题规律，答题时按从头到尾的顺序进行。如果在中间遇到"卡壳"，不会停在那里"死抠"，浪费时间。

3. 仔细地审题

好学生在审题上舍得花时间，在他们看来，把题目审清楚，就成功了一半。如果题没审清就草草作答，容易走上"歧路"，回头再改既影响情绪，又浪费时间。

拿出适当的时间来审题，既能防止出错，又能节省时间。好学生所谓的审题包括不漏题、不看错题，审准题，看准全题的条件和要求。审题要"咬文嚼字"，反复推敲，尤其对似曾相识的题目，更要特别注意其细微差别。只看题的前半部分，就凭想当然作答很少不出错。如考作文有的人把"我的母校"看成"我的母亲"，"父辈"应写"父亲这一辈人"，而有的学生只写父亲单个人。这些都是没有把握好审题这一关。

4. 正确对待易题和难题

有的题目猛一看非常容易，很多同学就连题目都没有仔细看就急急忙忙提笔作答，这样就很容易发生做到一半才发现做不下去的情况。要避免这种情况的发生，最重要的是要先认真看题，弄清题目的难易。如果实在不幸遇到这种情况，你一定要果断地暂时放弃，赶快去做其他的试题。等到把自己会做的题目都做完了之后，再回过头来解决这些难题。

其实，在考试中，并没有规定非要从第一题开始解答不可，所以建议你在考试中优先完成以下三种类型的题目：

（1）又简单又短的题目；

（2）以前做过的题目；

（3）自己觉得容易回答的题目。

而那些难度大的、一时想不出答案和解法的题，一定要留到最后才去解决。

从时间的分配来说，容易的题目必须在考试的前一半时间内完成，然后利用剩下来的时间，去跟那些难题较劲，这样才能争取更高的分数，争取满分。

5. 理清问题重点

大家一定有过这样的经验：问题很长，乍一看，真不知从哪里下手才好。遇到这种情况往往令人心浮气躁，只顾着"快快作答"，而忽略了彻底了解试题的本来面目。这就是很多同学在考试中得不到好成绩的一个重要原因。

事实上，你只要仔细观察一下，就会发现几乎所有的问题都是由以下两个部分组成的：

（1）解题所需的条件：解答问题所不可缺少的条件一定全部都包括在题目里面，这个部分通常占了题目的最大分量。

（2）需要解答的问题：也就是你应该写在试卷上的东西，这是一个题目最关键的部分。如"这段话告诉了我们一个什么道理""需要多少小时才能跑完这段距离"等等。

6."绕个弯"解决临时想不起来的问题

"真气人。那个字的写法是……唉！明明考前还专门看过，偏偏这会儿怎么就想不起来了呢？怎么办？"这种情形是考场常见的现象。

遇到临时想不起来的问题时，不要把注意力集中在解题的目标上，一定要记着改个道，绕个弯，从跟题目有关的知识点开始回想。这种绕个弯的方式，往往会使你在一刹那之间找到你在苦苦搜寻的答案，真可谓是"山重水复疑无路，柳暗花明又一村"。

比如，你忘了平行四边形的面积公式，就想，长方形的面积公式是怎样的呢？是长乘以宽。那么，如果能把平行四边形变成长方形不就简单了吗？然后，你还可以想到课本上是如何推导出平行四边形的面积公式的。这样穷追不舍地进行下去，平行四边形的面积公式就自然而然地显现在你脑海中了。值得注意的是，要使这个方法成功，在平时的学习中就要注意把相关的知识点纵横交错，构成一张牢不可破的知识网，只要一想起"这个"，就能自然而然地想起"那个"了。

7.巧对应用题

如果在考试中碰到完全读不懂的应用题，千万不要泄气，或紧张得焦头烂额。记住，越是这个时候，就越是需要你保持镇定，千万不要慌乱。只有这样你才能有机会找到这个应用题的突破点。

其实，客观说来，小学程度的试题，几乎不可能出现"从来没见过或从来没听过"的题目。当然，有些题目你可能确实未曾看见过，但类似的题目你应该是看见过的，而且，跟那个题目相关的基本知识点一定也是曾经在教科书上出现过的。所以，碰到这种完全读不懂的应用题时，你首先要冷静下来想一想："这道题和我们已经学过的哪一个知识点有关系？我是否曾在其他地方看见过或者做过类似的题目?"

最好的解决方法是平时背熟教科书的目录，在考场上遇到这种情况就在脑子里把目录一一地进行回忆，从中寻找出解题的方法。

要是实在想不起来的话也不要紧，因为你已经把其他的题全做完了，而剩下的这一道题连你都解答不出来，其他的同学还能有几个人能答出来呢？关键是你必须要记住这道题，以后再碰到类似的试题时就应该不会难倒你了。

8. 检查答卷的程序不可少

答卷做完后，要进行检查。因而必须抓紧时间答卷，留出检查时间。检查主要是检查题目是否有遗漏、答案是否正确。理科试卷有时要检查演算过程，文科试卷中表述题最好快速扫一遍，以防字句错误。由检查发现问题而及时纠正，补救得分的事是屡见不鲜的。

9. 保持卷面整洁

俗话说："美味不能装在一只邋遢的盘子里。"无论谁都喜欢干净整洁的东西，评卷老师更是对一份卷面整洁的试卷感到由衷的喜欢，这既是对老师的一种尊重，更是博得良好印象的最直接的方式。

考后调整，蓄势待发

考试之后调整心态，总结得失，检查基础知识非常重要，只有这样，同学们才可以做到心中有数，才能在下一次考试中所向披靡。

1. 调整考试心态

刚考完试时，不要急着喊："啊！折磨人的考试终于过去了。"这是一种消极的考试者的口号，把自己放在了和考试对立的位置上，积极的考试者是不会喊这一类口号的。

刚考完试时，不要大叫："结束喽！结束喽!"你可能只是随意喊喊。但就在这种叫喊中，消极考试态度已经在你的意识里扎下了根。当然也不必对一个特定的考试想太多，总结调整完毕，它也就彻底过去了。你需要的，不是死死地固守在极好或极差的成绩里不肯自拔，完全成为应试教育的牺牲品，而是积极地放眼于未来。

2. 正确看待考试和考分

有人说："考，考，考，教师的法宝；分，分，分，学生的命根。"在以应试教育为主导的教学实践活动中，这话说得一点也不假。同学们在学校学习，就要面对形形色色的考试，考试与我们的学习生活形影相随。一提到考试，有的同学就不由自主地紧张，甚至感到焦虑、恐惧。出现这样的情况，其原因在于没能正确地看待考试与考分，也就是把考试和考分的意义看得太重，远远超出了考试本身。

考试是教学过程中的一个重要环节，对老师的教和同学们的学都起着重要的调节和激励作用。对于考试，我们不能不加以重视，但是也不能过于重视。考试是对同学们在一段时间内学习成绩的检查和评定的重要方法之一。考试过程是把知识系统化的手段，是加深对知识理解和巩固的方法，也是培养大家思维能力、创造精神，提高学习能力的过程。同时，考试还能够帮助我们发现学习中的薄弱环节，进而有针对性地修订学习计划、改进学习方法，从而提高学习效果。

有的同学由于过分地看重考分，所以一旦考试失败，便一蹶不振，甚至自暴自弃，这是很不可取的。我们应该知道：在人生的道路上，我们每个人都会遇到种种意想不到的挫折和坎坷，学习也是一样的，不要把分数看得过重。但也不能抱无所谓的态度。如果考试的分数出乎意料，应通过老师对试卷的讲评进行反思。考分高时要总结经验，继续发扬；考分低时则要反思其中的原因。如果是基础差，"欠账"太多的原因，就应该尽快地把"欠账"补起来；如果是基础知识掌握有缺陷，就要认真复习教材，及时把缺陷补起来；如果是粗心大意，则要吸取经验教训，在平时的学习中，养成一丝不苟的习惯。能够做到这些，相信每次考试都能成为同学们学习过程中的"加油站"。

3. 总结策略得失

考试结束后，首先大致思考一下自己在考试中策略的得失，以供今后考试时参考。你可能会问："这也太累了吧？"如果你把自己有意无意地放在了消极考试者的地位，你会有这种感觉。但如果你把自己看作积极的考试者，累的感觉也就不会产生了。在一定程度上，累其实是一种畏惧的表现，是一种要逃离的欲望的外延。在期中、期末等连续的考试中，尤其需要注意离开考场这个阶段。如果你切切实实地按照前面所讲的考试策略去做，发挥不好的可能性就太小了。但发挥好也应注意，不要太得意，以免产生麻痹大意思想而影响后面的考试。考试策略的经验总结对于重要的考试尤为重要，因为应试模式具有强大的延续性，甚至小学毕业考试的应试模式会一直暗地里影响着你一生的考试策略。

趣味链接

你知道这些与科举考试有关的名词吗

【察举】始于汉代的选拔官吏制度的一种形式。察举有考察、推举的意思。由侯国、州郡的地方长官在辖区内随时考察、选取人才，推荐给上级或中央，经过试用考核，再任命官职。察举的主要科目有孝廉、贤良文学、茂才等。《张衡传》中说："永元中，举孝廉不行。"《陈情表》中说："前太守臣逵察臣孝廉，后刺史臣荣举臣秀才。"

【征辟】也是汉代选拔官吏制度的一种形式。征，是皇帝征聘社会知名人士到朝廷充任要职。辟，是中央官署的高级官僚或地方政府的官吏任用属吏，再向朝廷推荐。《张衡传》中提到："连辟公府，不就。"

【孝廉】汉代察举制的科目之一。孝廉是孝顺父母、办事廉正的意思。实际上察举多为世族大家垄断，互相吹捧，弄虚作假，当时有童谣讽刺："举秀才，不知书；举孝廉，父别居。"

【科举】指历代封建王朝通过考试选拔官吏的一种制度。由于采用分科取士的办法，所以叫科举。从隋代至明清，科举制实行了 1300 多年。《诗话二则·推敲》中说"岛（指贾岛）初赴举京师"，意思是说贾岛当初前去长安参加科举考试。到明朝，科举考试形成了完备的制度，共分四级：童生试、乡试、会试和殿试。考试内容基本是儒家经义，以"四书"文句为题，规定文章格式为八股文，解释必须以朱熹《四书章句集注》为准。

【童生试】也叫"童试"。是明代由提学官主持、清代由各省学政主持的地方科举考试，包括县试、府试和院试3个阶段，院试合格后取得生员（秀才）资格，方能进入府、州、县学习，所以又叫入学考试。应试者不分年龄大小都称童生。

【乡试】明清两代每3年在各省省城（包括京城）举行一次的考试，因在秋8月举行，故又称秋闱（闱，考场）。主考官由皇帝委派。考后发布正、副榜，正榜所取的叫举人，第一名叫解（jiè）元。

【会试】明清两代每3年在京城举行一次的考试，因在春季举行，故又称春闱。考试由礼部主持，各省的举人及国子监皆可应考，录取300名为贡士，第一名叫会元。

【殿试】是科举制最高级别的考试，皇帝在殿廷上，对会试录取的贡士亲自策问，以定甲第。实际上皇帝有时委派大臣主管殿试，并不亲自策问。录取分为三甲：一甲三名，赐"进士及第"的称号，第一名称状元（鼎元），第二名称榜眼，第三名称探花；二甲若干名，赐"进士出身"的称号；三甲若干名，赐"同进士出身"的称号。

【及第】指科举考试应试中选。应试未中的叫落第、下第。《祭妹文》中说："逾三年，予披宫锦还家。"古时考中进士要披宫袍，这里"披宫锦"即指中进士。《祭妹文》也说："大概说长安登科，函使报信迟早云尔。""登科"是及第的别称，也就是考中进士。

【进士】参见"殿试"条。是科举考试的最高功名。贡士参加殿试录为三甲都叫进士。据统计，在我国1300多年的科举制度史上，考中进士的总数至少是98749人。古代许多著名作家都是进士出身，如唐代的贺知章、王勃、宋之问、王昌龄、王维、岑参、韩愈、刘禹锡、白居易、柳宗元、杜牧等，宋代的范仲淹、欧阳修、司马光、王安石、苏轼等。考中进士，一甲即授官职，其余二甲参加翰林院考试，学习3年再授官职。

【状元】参见"殿试"条。科举制度殿试第一名，亦称殿元、鼎元，为科举考试中最高荣誉。历史上获状元称号的有 1000 多人，但真正参加殿试被录取的大约有 750 名左右。唐代著名诗人贺知章、王维，宋代文天祥都是经殿试而被赐状元称号的。

【会元】参见"会试"条。举人参加会试，第一名称会元，其余考中的称贡士。

【解元】参见"乡试"条。生员（秀才）参加乡试，第一名称解元，第二至第五名为经元，其余考中的称举人。

【连中三元】科举考试以名列第一者为元，凡在乡、会、殿三试中连续获得第一名，被称为"连中三元"。据统计，历史上连中三元的至少有 16 人。

【鼎甲】指殿试一甲三名：状元、榜眼、探花，如一鼎之三足，故称鼎甲。状元居鼎甲之首，因而别称鼎元。

【生员】即秀才，参见"童生试"条。通过院试（童试）的可称为生员或秀才。如王安石《伤仲永》有"传一乡秀才观之"的句子。东汉时避光武帝刘秀讳，而称秀才为茂才，《阿 Q 正传》中称赵少爷"茂才公"，表示讽刺。